明儒学案
民族文化再觉醒

方武 —— 编撰

九州出版社
JIUZHOUPRESS

图书在版编目（CIP）数据

明儒学案：民族文化再觉醒 / 方武编著. -- 北京：九州出版社，2018.7

ISBN 978-7-5108-7398-0

Ⅰ．①明… Ⅱ．①方… Ⅲ．①学术思想－思想史－中国－明代②《明儒学案》－研究 Ⅳ．①B248.05

中国版本图书馆CIP数据核字(2018)第165223号

明儒学案：民族文化再觉醒

作　　者	方　武
责任编辑	张艳玲
出版发行	九州出版社
地　　址	北京市西城区阜外大街甲 35 号（100037）
发行电话	(010)68992190/3/5/6
网　　址	www.jiuzhoupress.com
电子信箱	jiuzhou@jiuzhoupress.com
印　　刷	三河市兴博印务有限公司
开　　本	787 毫米 ×1092 毫米　32 开
印　　张	7.5
字　　数	148 千字
版　　次	2018 年 9 月第 1 版
印　　次	2018 年 9 月第 1 次印刷
书　　号	ISBN 978-7-5108-7398-0
定　　价	48.00 元

用经典滋养灵魂

龚鹏程

每个民族都有它自己的经典。经，指其所载之内容足以做为后世的纲维；典，谓其可为典范。因此它常被视为一切知识、价值观、世界观的依据或来源。早期只典守在神巫和大僚手上，后来则成为该民族累世传习、讽诵不辍的基本典籍。或称核心典籍，甚至是"圣书"。

佛经、圣经、古兰经等都是如此，中国也不例外。文化总体上的经典是六经：《诗》、《书》、《礼》、《乐》、《易》、《春秋》。依此而发展出来的各个学门或学派，另有其专业上的经典，如墨家有其《墨经》。老子后学也将其书视为经，战国时便开始有人替它作传、作解。兵家则有其《武经七书》。算家亦有《周髀算经》等所谓《算经十书》。流衍所及，竟至喝酒有《酒经》，饮茶有《茶经》，下棋有《弈经》，相鹤相马相牛亦皆有经。此类支流稗末，固然不能与六经相比肩，但它各自代表了在它那一个领域中的核心知识地位，却是很显然的。

我国历代教育和社会文化，就是以六经为基础来发展的。直到清末废科举、立学堂以后才产生剧变。但当时新设的学堂虽仿洋制，却仍保留了读经课程，以示根本未隳。辛亥革命后，蔡元培担任教育总长才开始废除读经。接着，他主持北京大学时出现的"新文化运动"更进一步发起对传统文化的攻击。趋势竟由废弃文言，提倡白话文学，一直走到深入的反传统中去。论调越来越激烈，行动越来越鲁莽。

　　台湾的教育、政治发展和社会文化意识，其实也一直以延续五四精神自居，以自由、民主、科学为号召。故其反传统气氛，及其体现于教育结构中者，与当时大陆不过程度略异而已，仅是社会中还遗存着若干传统社会的礼俗及观念罢了。后来，台湾朝野才惕然憬醒，开始提倡"文化复兴运动"，在学校课程中增加了经典的内容。但不叫读经，乃是摘选《四书》为《中国文化基本教材》，以为补充。另成立文化复兴委员会，开始做经典的白话注释，向社会推广。

　　文化复兴运动之功过，诚乎难言，此处也不必细说，总之是虽调整了西化的方向及反传统的势能，但对社会普遍民众的文化意识，还没能起到警醒的作用；了解传统、阅读经典，也还没成为风气或行动。

　　二十世纪七十年代后期，高信疆、柯元馨夫妇接掌了当时台湾第一大报中国时报的副刊与出版社编务，针对这个现象，遂策划了《中国历代经典宝库》这一大套书。精选影响国人最为深远的典籍，包括了六经及诸子、文艺各领域的经典，遍邀名家为之疏解，并附录原文以供参照，一时朝野震动，风气丕变。

其所以震动社会，原因一是典籍选得精切。不蔓不枝，能体现传统文化的基本匡廓。二是体例确实。经典篇幅广狭不一、深浅悬隔，如《资治通鉴》那么庞大，《尚书》那么深奥，它们跟小说戏曲是截然不同的。如何在一套书里，用类似的体例来处理，很可以看出编辑人的功力。三是作者群涵盖了几乎全台湾的学术菁英，群策群力，全面动员。这也是过去所没有的。四，编审严格。大部丛书，作者庞杂，集稿统稿就十分重要，否则便会出现良莠不齐之现象。这套书虽广征名家撰作，但在审定正讹、统一文字风格方面，确乎花了极大气力。再加上撰稿人都把这套书当成是写给自己子弟看的传家宝，写得特别矜慎，成绩当然非其他的书所能比。五，当时高信疆夫妇利用报社传播之便，将出版与报纸媒体做了最好、最彻底的结合，使得这套书成了家喻户晓、众所翘盼的文化甘霖，人人都想一沾法雨。六，当时出版采用豪华的小牛皮烫金装帧，精美大方，辅以雕花木柜。虽所费不赀，却是经济刚刚腾飞时一个中产家庭最好的文化陈设，书香家庭的想象，由此开始落实。许多家庭乃因买进这套书，而仿佛种下了诗礼传家的根。

高先生综理编务，辅佐实际的是周安托兄。两君都是诗人，且侠情肝胆照人。中华文化复起、国魂再振、民气方舒，则是他们的理想，因此编这套书，似乎就是一场织梦之旅，号称传承经典，实则意拟宏开未来。

我很幸运，也曾参与到这一场歌唱青春的行列中，去贡献微末。先是与林明峪共同参与黄庆萱老师改写《西游记》的工作，继而再协助安托统稿，推敲是非、斟酌文辞。对整套书说不上有什么助益，自己倒是收获良多。

书成之后，好评如潮，数十年来一再改版翻印，直到现在。经典常读常新，当时对经典的现代解读目前也仍未过时，依旧在散光发热，滋养民族新一代的灵魂。只不过光阴毕竟可畏，安托与信疆俱已逝去，来不及看到他们播下的种子继续发芽生长了。

当年参与这套书的人很多，我仅是其中一员小将。聊述战场，回思天宝，所见不过如此，其实说不清楚它的实况。但这个小侧写，或许有助于今日阅读这套书的大陆青年理解该书的价值与出版经纬，是为序。

乱世中之良知

方　武

　　人的生命有两种：一种是自然的生命，一种是再造的生命。

　　自然的生命就是每个人天生都具有的天真、灵感、热情与追求的热忱，这些生命中所具有的理想性质，在人年轻时通常都是向外在世界在追逐着的。然而这种外向追逐的自然生命会慢慢消失，大约在人三十岁的时候，会发觉这一切外向的追求，最后都不能满足人生命内在那种空虚的孤寂感，于是有一天终于下决心舍弃了这一切外在现实的知识与欲求的追逐，而彻底返回到自身内在生命之广大领域中来，重新立在人性之基础上，做一全面之反省与规划。这就是人之再造生命的开始，孔子说它是"三十而立"。历史上的伟大心灵都曾经通过了这些过程，明代儒家学者中的各位人物，不论他们的实际遭遇如何，他们都或多或少自觉或不自觉地，曾经在这条人迹稀少的路途上迈着步伐默默地走过。

　　我们所生活的时代与环境，是一个空前复杂的人类社会，人之心灵与生命所受之干扰与撞击是极为沉重的，生命之种种可能，被限制在极狭小与软弱的圈子里面。或许此书中所介绍的人物，他们的生活方式与想法，对我们来说是非常陌生与格格不入的，但他们至少提供给我们多一种人类生活与追求的典型，或者，将因此为我们真正揭开广大生命帐幕之一角，让我们看到一种新生命之可能，从而改变我们的一生。

本书全部文稿，承蒙台北市启智协进会附设阳明养护中心李淑惠老师费心誊写及双溪启智中心李宝珍老师之校阅，她们平时为了教导低智能儿童付出了极大的爱心与辛劳，特别在此向她们致以最高的敬意与谢忱！

目　录

第一章

崇仁学案

吴与弼

明代儒家学术的开端人物，首先当提到的是吴与弼。

中国儒家学说的起始与传承，可以称得上源远流长，自从先秦时代的孔子、孟子以来，经历了汉、唐、宋、元数个朝代千余年的发展与演变，其中尤其是到了宋朝，更是出了不少杰出的人物，像周敦颐、程颢和程颐兄弟、朱熹以及陆象山等人，都是当时的大儒，深受当时求学者的敬重。这样使得儒家学说的传承，不但没有因为长期的流传演变而丧失了活泼的朝气，反而更注入了新血，开创出一个新兴的局面。

可惜的是，这一个中国文化发扬开展的生机，因为宋朝为元朝所灭而活生生地被斩断了。元朝是当时蒙古族人在汉族人的土地上所建立的朝代，由于他们本身文化程度低，对于学术思想的提倡与人才的培养都不怎重视，因此经过他们长达百年的统治之后，学术思想就像被一场大雪给封盖了一般，人才都逐渐凋零了。一直到后来明太祖朱元璋出来，恢复了汉人的江山之后，儒家学说才又开始像初生的小草从冰雪覆盖的大地中，悄悄地萌芽抽长渐渐抬头。而在此大病初愈的时期，第一位复出而又卓然有成的儒家代表人物，就是我们一开始所提到的吴与弼。

吴与弼，字子傅，别号康斋，抚州崇仁人（本章的篇名"崇仁学案"，就是因此而得名的）。明太祖洪武二十四年（1391年），吴与弼先生诞生了。他从小就相貌不凡，颇有气度。十九岁那年，他去京城探望在朝中做官的父亲，同时跟着父亲的同事杨文定先生求学。

他从杨先生那里得到一本名叫《伊洛渊源录》的书[①]，一读之下大为感动，明白圣人虽然了不起，但只要自己肯努力学习，奋发上进，终有同样的一天。于是立志要追求圣人的大道，从此也不再打算求功名、做大官了，抛开一切琐事，一个人独居在一间小阁楼上，每天就与四书（《论语》《孟子》《大学》《中庸》）、五经（《诗》《书》《易》《礼记》《春秋》）和前代大儒的著作为伴，仔细研读并加以深刻反省，就这样足不出户地度过了两年的光阴，本来偏于刚忿的气质，从此也有了改善。

二十一岁那年奉父亲之命，他回家乡成婚，半路上在过江时遇到大风浪，眼看着船就要翻了，同船的人都惊慌害怕，只有先生独自一人，衣冠整肃，端坐在船舱中，镇定如恒，毫不慌乱。脱离险境后，有人问他当时为什么不怕，先生回答道："大丈夫处事但求执守正道，至于人生中会遭遇哪些吉凶祸福，不是人力可以控制的，所以我们不必放在心上，一切听从上天的安排就是了，不必害怕。"

完婚以后，吴与弼就在家乡种田为生。这时各地来向他求学的人一天天多了起来，大家住在一起，师生一同耕种、一同饮食，生活虽然清苦，却都安贫乐道。

有一天吴与弼在田中收割稻谷，手指不小心被镰刀割伤了，这个时候先生忍痛说道："为学的人就是要养成坚忍的心性，岂可因为受到一点外物的侵害就扰乱了心志！"于是继续割稻，就像是不曾发生过任何事情。

那时有一位名叫陈献章的青年（后面会有一章专门讲他），中过秀才，从广东来到江西，拜在吴与弼门下求学，也住在一起。有一天大清早，天才刚有一点亮，吴与弼就起来打谷了，而这位年轻人却还没有起床，于是吴与弼就在他的房门外大声说道："秀才怎么可以这么懒惰，这样下去，哪一天才到得了圣贤的境地啊！"陈献章听到了非常惭愧，从此努力上进，再也不敢偷懒，后来终于也成了一位大学问家，成就还不下于他的老师吴与弼呢！

由于吴与弼先生品德淳厚，学问高明，所以地方上的官吏都纷纷推荐他到朝廷中做官，当时的皇帝英宗也下诏书礼聘他到京师去讲学，他都一一加以恳辞，后来逼迫得紧，不得已去京师走了一趟，可是仍然坚决不肯做官，待了一阵子，最后还是告老还乡了。

吴与弼先生一直活到七十九岁，到明宪宗成化五年，也就是1469年方才去世。他一生的主要思想，大都记载于每天的生活笔记中，取了个名字叫作《日录》，就是每日记录的意思，内容大部分是关于自身求学读书的心得以及反省思考的感想，很少涉及他人的是非。现在就摘录一些在后面：

《日录》

1.日夜痛自点检且不暇，岂有工夫点检他人？责人密，自治疏矣，可不戒哉！明德、新民②虽无二致，然己德未明，遽欲新民，不惟失本末先后之序，岂能有新民之效乎？徒尔劳攘成私意也。

【译述】人每天深切地自我反省都来不及，哪里有工夫去指责他人的过错呢？如果整天只顾着去指责别人，恐怕就顾不到自己的进修了吧。这可要当心啊！修养自己和提升别人，本来都是求学的人应该去做的事，因为这两件事的目标都要人德行完美。只是如果自己的品德都还没有修养好，就急躁地要提升别人，不仅失去求学的先后次序，恐怕也达不到提升他人走上正途的目的吧。那也只不过是拿自己的成见去跟别人争执罢了。

2.思债负难还，生理寒涩，未免起计较之心，徐觉计较之心起，则为学之志不能专一矣……于是大书"随分读书"于壁，以自警。

【译述】想起积欠的债务难以偿还，生活艰难，不免心中有所愤愤不平，对现实中的得失就看得重了起来。但是过不久又觉悟到一个人得失心一重，那么心情难免纷扰杂乱，再要专心读书求学就难了……于是写了"随分读书"四个大字贴在墙壁上，警惕自己安贫乐道，好好读书，不要有非分之想。

3. 近晚往邻仓借谷，因思旧债未还，新债又重，此生将何如也。徐又思之，须素位而行③，不必计较，"富贵不淫贫贱乐，男儿到此是豪雄"，然此心极难，不敢不勉，贫贱能乐则富贵不淫矣！贫贱富贵，乐与不淫，宜常加警束，古今几人臻斯境也。

【译述】傍晚到邻家去商量借一点米回来好煮晚饭，因此想起过去的旧债尚未还清，现在又加上新的积欠了。这一生要怎么样才好啊！过一会儿又想到，人生在世应当安于自身的命运，依理行事，不必去斤斤计较，所谓"富贵不淫贫贱乐，男儿到此是豪雄"，就是这个意思，但是要经常保持这种心境，那可真难了。不敢不努力地去学习。说真的，如果真能处于贫困的环境也坦然自得，那么一旦富贵来临也不会骄奢放荡了。人生在世对这些事情要常常自我警惕，要知道古往今来又有几个人真能做到这一步啊！

4. 凡事须断以义，计较利害便非。

【译述】遇到事情，要下判断、做决定的时候，应该先顾到道德原则，不要先想到利害得失。

5.夜大雨，屋漏无干处，吾意泰然。

【译述】晚上下大雨，房子漏了，到处都是湿淋淋的，我的心情却仍然舒适安详，没有因此而烦恼。

6.凡百皆当责己。

【译述】凡事有了挫折或不顺当的地方，都应该反省自己的过失，不要责怪别人。

7.处大事者，须深沉详察。

【译述】担当大任，处理大事的人，必须能够镇静沉着，同时又要心细精明才行。

【注释】

①　宋朱熹撰著，共十四卷，记载宋代理学家周敦颐、程氏

兄弟之交游及门下弟子四十六人之言行。

② 明德、新民：这两个语词出自《大学》一书，《大学》中说："大学之道，在明明德，在亲民，在止于至善。"其中的"亲"字，宋程子说："亲当作新。"这里以"明德"和"新民"对举，"明"和"新"都是动词。明德是说：修养德性，使德性光明。明德之后，推己及人，也使他人能革除旧习气，呈现德性的光明，叫新民。

③ 素位而行：出自《中庸》。素，现在。位，地位或遭遇，和个人的命运有关。行，依理而行。这句话是说：不管处在哪种地位或经历哪种遭遇，都能依理而行。

胡居仁

　　前面我们谈吴康斋先生的时候，提到有许多人来向他学习，在这些人当中，后来比较有成就的有胡居仁、娄谅、陈献章等人，我们都会一一介绍。现在就先讲胡居仁。胡先生字叔心，居仁是他的名，江西省余干县人，当时求学者尊敬他，都称他为敬斋先生。居仁二十岁那年，立志终身追求人生最高的智慧，向古圣贤学习，彻底解决生命中的一切问题。二十一岁去江西临川拜见吴康斋先生，求他指引，后来受到感召，也学他老师不愿意做官求功名，回到家乡梅溪山中盖了几间房子，住在那里，除了侍奉双亲及教一些弟子读书之外，不理会外边的俗事。这样隐居了一段日子之后，为了扩大自己的见识，于是下山到各处寻师访友，到过福建、浙江、江苏等地。再回到家乡之后，经常与乡人娄谅、罗一峰、张东白等人，聚会在弋阳的龟山及余干的应天寺，彼此切磋，并且在白鹿书院和桐源书院讲学，教导后进。当时淮王也听到他的声名，特地请他到王府中讲解《易经》。另外又要将他的诗文辑印成书，居仁谦谢道："如今我的学问还不行，将来如果有了进境之后再说吧。"

居仁平日在家很孝顺，父亲生了病，听说病情的轻重可以由病人排泄物的味道试验出来，于是亲尝父亲的粪便，以测病况。父亲过世后，他三年不与妻子同处一室。日常生活都遵守古礼，不同于一般流俗。

他一生严肃坚毅，清苦度日，家中世代务农，到他这一代更是穷困，可是虽然如此，他却因心怀大志，理想高远，所以并不以此而在意，反而觉得萧然自得。一般人通常都在追求生活上的享受，而忽略了精神上的锻炼，居仁却认为应该以仁义滋润身心，至于居住的环境只要勉强过得去就行了。

居仁生于明宣宗宣德九年（1434 年），逝于明宪宗成化二十年（1484 年），享年五十一岁。后来到明神宗时，迎居仁灵位入孔庙，与先圣先贤共享祭祀。居仁一生的操守，得力在日常生活中事事诚敬，当时有人写了一首骚赋体的诗评论他："君学之所至兮，虽浅深予有未知，观君学之所向兮，得正路抑又何疑，倘岁月之少延兮，必日跻乎远大，痛寿命之弗永兮，若深造而未艾。"大意是说：居仁的学问深浅，因为我自己学问不够而不敢批评，但是在大方向、大原则上是正确而不容怀疑的；如果您能多有几年的岁月，再加以钻研，一定能走得更深更远，只可惜您这么早就去世了，不能完成您的大业。居仁一生大致上的确是如此。留下的遗著有《居业录》一书，现摘要如下：

《居业录》

1.人心一放，道理便失；一收，道理便在。

【译述】求学的人就是要专心，只要一懈怠，心中的道理和标准就容易忽略过去；但只要一惊醒过来，专心精进，则良知就又都呈现出来了。

2.真能主敬①，自无杂虑。欲屏思虑者，皆是敬不至也。

【译述】人活着如果真能专注在追求生命理想上，自然胸中不会有杂念缠绕。有些人想要剔除杂念，以为必须克制心中的一切念头，其实人哪能做到心中毫无念头呢？只要能专注在追求生命理想上，不让念头转移到邪恶的事情上去就是了。

3.满腔子是恻隐之心，则满身都是心也。如刺着便痛，非心而何！然知痛是人心，恻隐是道心②。

【译述】有人能够经常体谅别人，心中充满仁爱，这都是充分发挥人类天性的缘故。就像我们被针刺到了会觉得痛，虽然也是人的一种天性，只是我们一定要分清楚：知道痛是一般人都具有的本性，而善于体谅他人、心怀仁爱，却是人类天性中最值得赞美，最难得的一种德行。

4.天下纵有难处之事，若顺理处之，不计较利害，则本心亦自泰然；若不以义理为主，则遇难处之事，越难处矣。

【译述】人活在世界上，往往会遭遇到一些困难，这时如果能冷静地分析这件事情应该怎么做，然后顺着道理去做，不计较成败得失，那么自己内心也就能够保持心平气和了。相反的，如果不能顺着义理去做，那么做不成，自然困难还是存在着；即使做成了，相信仍然不是彻底解决，只是暂时将困难应付过去罢了，心中依旧不会平静安适的。

【注释】

① 主敬：修养德性的一种功夫，即以虔敬之心为一切意念行为的主宰，使心灵常在自觉纯一的状态。

② 人心道心：人类心灵的两层区分，统理人的自然本能，而能感触知觉的心是"人心"；根源于良知本性，而能关爱他人，辨明是非的心是"道心"。人心落在形躯感官的层次，道心则通于天理。

娄　谅

　　娄谅，字克贞，别号一斋，江西省上饶市人。少年时期即胸怀大志，要做人间第一等的圣贤人物。曾经游历四方，找寻有学问的人做自己的老师，可是都失望了，因为那些先生们所研究的学问，所教导的道理，都是应付科举考试的死知识，而不是教人解脱生命中各种痛苦的真学问。一直到后来，听说大儒吴康斋先生在临川讲学，才前往跟随他求学。康斋先生一见之下，知道他日后必成大器，非常高兴，称赞他聪明上进，留他住了下来。

　　有一天，吴康斋先生要处理一件有关土地的事务，派娄谅做代表，并且说："求学的人不能整天只知道读书，有时也要在日常事务上多磨炼才行！"本来娄谅的性格是非常豪迈而不拘小节的，自从经过老师这次的点醒之后，脾气大为收敛，并且纵然是扫地洒水之类的小事，也自己动手去做，对家中的僮仆也都以礼相待。因此渐渐地深得康斋先生的器重，平常康斋先生较少和众弟子谈起的高深学问，这时对娄谅也都倾囊相授，其余弟子从此才真正见识到师门学问的博大深厚。

当时有一位求学者名叫罗一峰，也前来拜访吴康斋先生，康斋先生知道这个人的性格刚强自负，有心教诲他，于是故意不见。娄谅在旁边劝道："这位罗先生是一位有志气的知名求学者，老师怎么不肯见他呢？"康斋先生故意大声说："我哪里有工夫见这样一个小后生啊！"罗一峰在门外听到了，非常生气，于是写信给四方的朋友和求学者，数说吴康斋欺世盗名，想来并没有什么真实的学问，只是喜欢作怪罢了。另外有一位叫作张东白的求学者也跟他一同附和这个说法。康斋先生听到这些事，理也不理，好像根本不知道有这回事一样。娄谅这时就出来指引罗一峰和张东白二人，对他们说："自古以来，君子和小人不容并立于当世，今天你们这样批评吴康斋先生，说他欺世盗名，就像是个小人，如果后世果然认为吴先生是小人，那么二位仁兄自然就是君子了。可是万一后代的人却认为吴先生才是君子的话，不知道二位仁兄要怎么自处才好？"两人听了之后恍然大悟，非常惭愧，从此再也不敢对吴康斋先生有什么无礼的举动了。

娄谅一生著作不少，可惜后来因为女婿造反被捉了起来，子孙也都被连累而关入牢狱之中，慌乱之际，文稿散失而未能留传下来。

明孝宗弘治四年（1491 年）娄谅得病去世，临终时召门人诀别，并命门人查宋代大儒周敦颐、程明道等人去世的日期，发现跟他一样都是在夏天，于是含笑而死，享年七十岁。

第二章

白沙学案

陈献章

陈献章，字公甫，广东省新会区白沙里人（本学案因此而得名）。他身材高大，眼睛如天上星星一般明亮，右边脸上长有七颗黑痣，排列的形状像天上的北斗七星，容貌甚是奇伟。他从小就聪明异常，又非常机警；读书只要看过一遍就记住了，可以称得上过目不忘。

《孟子》中有一章讲，人的品格各有不同，其中有一种人，品格高尚，行事皆合于天理，一定要自己的德行学识达到最高的水平，并且施行起来能够令天下百姓整体提升才肯出来推行他的抱负。不然的话，他宁愿默默无闻地死去，也不肯降低自己的理想去迎合他人。因为他们凡事都合于天理，孟子就称他们叫作"天民"，而献章更是经常诵读这一章，并且感叹道："做人就是应该学习'天民'才是！"

有一日，他在睡梦中梦到自己在弹石琴，乐音洋溢和谐，突然来了一个人说："金、石、丝、竹、匏、土、革、木八种乐器之中，唯有石琴难以奏得和谐，您能够弹得这样好，莫非以后将有伟大的成就吗？"醒来之后，回想梦中的征兆，替自己取了一个别号，叫作"石斋"。

二十一岁时，陈献章入国子监（又称太学）读书，二十七岁到崇仁去拜吴康斋先生为师，继续深造，从此决心不再参加任何考试。待了一年之后，返回家乡，十年之间闭门不出，专心求学。三十九岁那年重游太学，太学校长邢让见到献章的诗文大为赞赏，在朝廷里大加宣扬，认为这才是真正的大儒，于是献章的名声一时在京城中轰动起来。

返乡之后，前来求学的弟子渐渐多了许多。就这样读书讲学，一晃就是十六年过去了，此时献章的学问愈博，德行愈淳，远近皆知。广东地方最高行政首长布政使彭韶及地方监察委员都御史朱英等人纷纷出面向朝廷推荐，上书说道："国家最需要的是贤德的人才，如今臣等自认为无论是才干还是品德，都万万及不上陈献章，现在我们冒居高位，却令陈献章一生终老于乡野，心中非常不安，生怕使国家白白地丧失了人才。"皇帝接到了报告，就在京城中召见献章。献章到了京城，朝中有的大臣嫉妒他，故意先不让他去见皇帝，而命他到吏部去考试，献章对于这种无礼的要求，当然不肯接受，假装自己生病不去，上书给皇帝，请求让他回乡去养老，终于得归。

明孝宗弘治十三年（1500 年），献章病重，眼看就要不治了，新会县长左先生特地请了一位名医来替献章治疗，门下弟子都认为病情严重，实在已经不可救了，他却在病中挣扎着说道："左先生是好朋友，既然请了大夫来看我，虽然明知无药可救了，但是须尽朋友之情。"于是勉强将大夫的药喝了一口，才让弟子将其送回去。不久献章就去世了，享年七十三岁。

献章一生的学问以"虚"为基础，以"静"为入门的功夫。明代儒家学者追求生命智慧的方法路向，自从吴康斋先生起就开始努力，到献章时才明朗而有一正轨可循，一直要到中期明学的代表人物王阳明先生出来之后才有所大成。献章曾经叙述自己求学的过程："我到二十七岁的时候，才真正开始发奋读书，跟随我的老师吴康斋先生学习，对于古代先圣先贤所留下来的著作，吴先生没有一本不教我读的，只是不知道入门的途径。等到回到家乡之后，闭门苦读，专心求用功的方法，由于没有师友的指引，每天仅靠书本中的知识，虽然有时甚至忘了吃饭睡觉，几年下来也没有什么心得。我认为没有心得，指的是我内心中的意念与书上的道理不能互相印证，于是生出许多矛盾与痛苦。从此舍弃书中烦琐的知识，只求依照本性，自然地生活，平日有工夫就静坐一处，让心思平静下来。久了以后，可以感觉到心中渐渐有个主宰，日常生活中的种种应酬，现在都能轻松地应付而不会乱了方寸，体会事物的道理，跟书中先圣先贤的道理比较一下，也都各有吻合的地方，不再像从前觉得毫无头绪来历了。于是自信认为找到求大智慧的入门方法了。"

献章著作颇多，摘要如下：

《论学书》

1. 君子未尝不欲人入于善，苟有求于我者，吾以告之可也；强而语之，必不能入，则弃吾言于无用，又安取之？且众人之情，既不受人之言，又必别生枝节以相矛盾，吾犹不舍而责之益深，取怨之道也。

【译述】大凡是君子，都很愿意人们能够明辨是非，一心向善；所以只要有人前来请教做人处事的道理，没有不乐意教导的；但是如果别人没有前来请教，而自己喜欢主动去给人家讲道理，勉强对方听从，往往听的人都不会真心诚意地接受，认为你是多管闲事。从人之常情上推想，他既然不接受你的劝告，多半还会找出许多理由来和你辩驳，这时如果仍不警觉，还要责怪人家不听劝导的话，那么一定会招来对方的怨恨了。所以君子教人，一定要等到有人愿学，时机恰当的时候才教，这样才能收到良好的效果。

2. 人要学圣贤，毕竟要去学他，若道只是个希慕心，却恐末梢未易凑泊，卒至废弛。若道不希慕圣贤，我还肯如此学否？思量到此，见得个不容已处，虽使古无圣贤为之依归，我亦住不得，如此方是自得之学。

【译述】读书人要学圣贤，必须真正在思想与生活上踏实地去学才行；如果只是心中存有一个羡慕圣贤的心，希望自己也能成为圣贤，却不照着做，那么纵然羡慕一辈子，也只是个凡夫俗子罢了，终将一事无成。要是有一天能够自问："如果我努力一辈子，终究成不了圣贤，那么我还肯一样努力用功、照圣贤的道理去做吗？"能够想到这一层，能够在心中有一种由不得自己好恶，就是必须终身努力追求圣贤大道的力量生根了，即使古往今来根本没有什么圣贤人物，可以作为我们追求的目标，而自身仍然不肯懈怠，这才真正算是有一点心得了。

3. 学贵知疑，小疑则小进，大疑则大进，疑者，觉悟之机也，一番觉悟，一番长进，更无别法也，即此便是科级，学者须循次而进，渐到至处耳。

【译述】读书求学要会发掘问题，因为唯有心中产生了疑问，才会进一步去找人请教或讨论，这样才能增广见闻，而不是读死书。所以有小疑问，就有小进步；有大疑问，就有大进步。如果根本没有疑问，那顶多是背得一大堆死书本、死道理罢了。因此能产生怀疑，是觉悟的第一步，要想有进步，除此之外，也没有其他什么好法子了。这些是求学途中必经的过程，慢慢依着顺序求进步，自然能渐渐到达觉悟的境地。

4.君子以道交者也。

【译述】君子相交，心中往往都有一种默契，因为他们都在共同追求着一个崇高又远大的理想。

5.自然之乐，乃真乐也，宇宙间复有何事。

【译述】人处在大自然中所感受到的那种生命被大包容而大自由、大升扬的情感，是人活着的一种真正快乐。对人来说，领略过这种自然之乐之后，对宇宙间的其他事物也就不怎么挂怀了。

《语录》

为学莫先于为己、为人之辨，此是举足第一步。

【译述】求学的人第一步最重要，必须弄清楚读书求学是为了充实自己的生命，解决自身对生命的疑惑与困苦，而不是读了一大堆书之后，好向别人夸耀，或者凭此求取现实中的利益。

第三章

河东学案

薛　瑄

　　前面我们介绍的几位初期明学中的杰出人物都是南方人，现在我们来介绍一位明代初期北学的代表人物，他就是薛瑄。

　　薛瑄，字德温，别号敬轩，山西省河津市人（因为当地位于黄河之东，所以又称为河东，本学案乃因此而得名）。薛瑄还未出生时，他的母亲梦到一名紫衣人进屋中拜谒，醒来就生下了薛瑄。初生下来，薛瑄全身肌肤如水晶一般透明，腹中五脏隐然可见，家中惊为怪物，只有祖父听他啼哭的声音洪亮异常，说："这个小孩与一般小儿不同，要好好照顾，将来或许成就非凡。"他从小读书，一两遍之后就能背诵出来，非常聪明。二十一岁的时候，跟魏希文与范汝舟两位先生游学，一同讲论经史名理，下课后，魏、范两先生私下对人说："圣贤的学问后继有人了！"遂与其结为小友，且不敢以老师自居。从此奋发追求大道，精思力行，随时与经书上的道理相互印证，一有不明白的疑难，常常整夜都睡不着觉。三十三岁中了进士，被任命为监察御史，专门纠举失职的官吏。朝中公卿有人想要认识他，请他去家中见面谈一谈。

他辞谢道:"我的职务是专门检举他人是否失职,不但要大公无私,更因此自己与官员之间不能有一丝一毫的私情,否则会令人起疑而不能让人信服了。所以怎么敢私下到您的家中去拜访呢!"那人听了不由得感叹起来。

薛瑄为学,注重苦学力行,将文章辞藻放在次要地位,曾经亲手抄录《性理大全》一书而通宵不眠,遇有心得就记录下来。当时一般人都尊称他薛夫子。

那时候宦官王振正深得皇帝的宠爱而掌握大权,有一天他问朝中公卿大臣:"与我同乡又在朝为官的人之中谁可以担当大任啊?"大家都推举薛瑄,于是提拔薛瑄担任大理寺正卿(相当于最高法院院长)。大臣们都叫薛瑄到王振家中去拜谢提拔之恩,薛瑄不肯,并且说:"我担任的是国家的公职,是在朝廷上大庭广众面前由皇帝亲自委任的,现在要叫我到别人家里向私人谢恩,我实在做不到。"百官一方面畏惧王振的权势,一方面又想博得王振的欢心,平常见到王振都要跪拜行礼。不久,在朝中遇见王振,同行的官员都一齐下拜,只有薛瑄独自站着拱手为礼。王振见了心中非常气愤,故意买通小人,设计陷他入罪,关在狱中,准备处以死刑。薛瑄虽然无辜遭受大难,可是在狱中照样读书,如平常在家一样。眼看着日子一天天过去,就要到行刑的限期了,这时王振家中有一老仆,也是先生山西同乡,在家中厨房里哭泣。王振恰好经过,觉得奇怪,就问他哭什么,仆人答道:"听说薛夫子就要死了,所以伤心地在此哭泣。"王振问他:"你怎么晓得薛瑄这个人的？”老仆回答说：“是同乡，所以知道。”于是详细叙述先生一生的品德言行给王振听。王振听了之后顿觉茫茫然，心中很不是滋味，想了一想决定不杀他了，改为发放到边疆去充军。但是后来也没有放逐他，不久就将他放回家去了。

薛瑄居家数年之后，又被朝廷起用，担任南京大理寺卿，宦官金英到南京出差，回北京时，南京的大小官员都到江边送行，只有薛瑄没有去。金英回朝之后对众人说：“南京那么多官员中，只有薛瑄才是不拍马屁的好官！”

早先明英宗朱祁镇即位时，年纪才九岁，宠信宦官王振，并称他“王先生”。王振于是渐渐开始作威作福，明朝宦官扰乱朝廷大政自此开始。这样过了十多年，那时北方有一个瓦剌国，国王也先常侵扰明朝边疆，后来料想也不能真正征服明朝，于是向明朝政府求婚，想从中得些金珠玉帛的赏赐。当时明朝政府在边疆的指挥官吴良和翻译马云、马青，一心只想他不再来侵扰就好了，于是也不请示朝廷就私下答应了也先求婚的要求，也先却被蒙在鼓里，并不知情。于是在明英宗正统十四年二月（1449 年，英宗这时已二十三岁），也先派人送了一批名驹，作为聘礼送到北京，明政府听了使臣的禀报之后，觉得奇怪，派他回瓦剌去告诉也先，明朝并未曾答应许婚。也先见到使臣空手而回，心中既是羞愧，更是愤怒，于是于七月间，发兵攻打明政府的山西省大同府。这时在长城塞外的城堡，纷纷不敌瓦剌的攻势而一一陷落，朝廷派驸马井源率兵增援。大军才出发，王振竟然劝英宗御驾亲征！本来瓦剌只是一个小国，虽然一时战胜，对明朝来讲实在构不成大患。王振却知英宗年少气盛，好大喜功，又贪图新鲜玩意儿，于是不顾国家大计，怂恿英宗亲征，可是御驾亲征岂是一桩小事，并且毫无周密的计划与准备，简直视同儿戏，满朝文武见此情形，无不震骇。大军出发才到中途，粮食就接济不上了，沿路饿死的官兵士卒倒了满地。八月，朱祁镇到了山西大同府边关，还想要北上出塞进攻，这时先行出发的驸马井源战败的消息传来，英宗心中一怕，下令班师回朝，退到土木堡时，被也先的骑兵追上，四面围攻，明军大败，溃散而逃，英宗竟然被擒，王振也在乱军中被杀。这时英宗的母亲孙太后命郕王朱祁钰总理国政，九月即帝位，以断绝也先挟持英宗、勒索明朝的企图。十月也先攻入长城，直逼北京，兵部尚书（国防部长）于谦率领将士奋力死战，才将敌人击走。也先退去之后屡战不胜，看到明朝又另立新帝，于是与明朝订立和约，放还英宗。朱祁钰代理了八年皇帝，有一天生了病，英宗此时买通了朝中一些宦官大臣，发动政变，重登天子大位，贬朱祁钰仍为郕王，却将死战卫国的于谦逮捕下狱，然后处死。

　　于谦是一个大忠臣，拥立新帝是为了解除也先的威胁，死战御敌，更是对国家和百姓有大功的人。此时蒙此冤屈，薛瑄遂上书英宗求他释放于谦，但力争不成，于谦将就刑，薛瑄对大臣们说："此事冤屈天下人所共知，各人皆有子孙。"意思是说，将来历史上总会还一个公道。忠国公石亨与于谦有旧怨，此时说道：

"事情已经决定了，不必多言。"最后英宗又召大臣入内商议，薛瑄又极力进言相救，然终不获准，于谦遂死。薛瑄于是自动辞职，终身不再做官了。

薛瑄生于明太祖洪武二十二年（1389 年），死于明英宗天顺八年（1464 年），享年七十六岁。临终时有诗一首，其中有"七十六年无一事，此心始觉性天通"两句话，可以显示薛瑄心胸光明磊落，德行淳厚。当时有人评论薛瑄："最初受王振提拔时，如果根本不出来做官，岂不是比后来为了保持读书人的尊严与节操而违抗王振得祸更好吗？于谦有大功于国家，蒙冤屈时，先生力争救助，救不得就自动辞官，尤其令人敬佩，真是光明磊落啊！"所以《明儒学案》作者黄宗羲也评论薛瑄是："尽美不能尽善。"

薛瑄的著作有《读书录》。现摘录如下：

《读书录》

1. 人心有一息之怠，便与天地之化不相似。

【译述】宇宙之间，日月运行，四季变化，经久不息；我们人活着追求生命，也应当终身学习大自然的运行变化，自强不息，只要心中有片刻懈怠的念头，就是一种堕落。

2. 二十年治一"怒"字，尚未消磨得尽，以是知克己最难。

【译述】二十年来，都在设法锻炼自己的气度与胸襟，不要随便生气发怒，可是却仍然不能完全做到，由此可见，一个人要克服自己内心的情绪真是非常困难。

3. 人心一息之顷，不在天理①，便在人欲②，未有不在天理人欲而中立者也。

【译述】人的内心是时时刻刻都在活跃着的，而它思念的不是合于天理的理想性事物，就一定是沦于现实的打算，而不可能既不属于天理，也不属于现实，却在那里中立着，所以我们一定要能在关键时刻，做正确的克制或选择。

4. 凡圣贤之书所载者，皆道理之名也，至于天地万物所具者，皆道理之实也，书之所谓某道某理，犹人之某名某姓也，有是人之姓名，则必实有是人，有是道理之名，则必有是道理之实，学者当会于言意之表。

【译述】凡是圣贤们所著的书籍中所记载着的道理，都只是一种学说罢了，天地间万事万物中所实际包含着的，才是那些道理的根本所在，圣人们只是凭了他们的智慧体会出万事万物中的道理，将它们用语言文字记载流传下来，好让我们后人容易知晓明白。而这些书上记载道理的文字，就好像我们每个人有一个名字一样，有一个人的姓名，就一定有一个实际的人来与这个名字相对应；同样的，有讲一种道理的学说，就一定有表现这种道理的实际事物，我们求学的人，一定要有能力透过这些语言文字的表面，看到它们背后的真实才行。

5. 教人，言理太高，使人无可依据。

【译述】当我们有机会教导别人的时候，一定要看对方的程度如何。如果所说的道理比对方已经了解的高一到两个层次，对他最有帮助；如果一下子说的道理层次太高，对方现有的程度，根本无法理解，就好像小孩子还不会走，就要他学跑一样，将使得对方失去依据，而不知所措了。

6. 方为一事，即欲人知，浅之尤者。

【译述】才刚开始筹划要做一件事，就先嚷嚷得让每一个人都知道了，这种人是最肤浅不过的。

7. 少言沉默最妙。

【译述】人活着，追求得愈深刻、愈彻底的时候，将会发现万事万物的道理都渐渐具备于自身内心中了，到那时，自我生命的呈现，将都是抉择与行动，而不再是初学时，喜欢空口说道理的人了。

【注释】

　　①　即天地万物所真实存在的道理，是一切善念善行的根源。

　　②　即欲望。人类要求满足自己的自然本能，这是一种私心，所以又说是"私欲"。

第四章

诸儒学案

曹　端

　　曹端，字正夫，河南渑池人，曾作《月川交映图》，求学者于是都称他月川先生。曹端五岁时就能用竹签在地上画出古代经籍《河图洛书》上的问题，向父亲请教。长大之后，读书求学，一定将书上的道理用在自己日常生活中，力求实践，不仅仅是记得一些言语就算了。

　　因为非常用功，经常坐在书桌前读书，所以座位下面脚踏的位置有两块砖都被磨凹，十七岁时他已将五经都读遍了。此时开始跟随马子才和彭宗古两位先生求学，并在自己书房的门上题了一副对联自我勉励：

　　勤勤勤勤，不勤难为人上人；
　　苦苦苦苦，不苦如何通今古。

　　父亲见了之后，命他再在门楣上制一块横匾，题上"勤苦斋"三个字，作为书房的名字。

曹端读到元朝人谢应芳写的一本书——《辨惑编》，内容大略是破除各种有关神仙迷信的习俗，此书深得曹端之心，从此对于一般世俗流行的轮回祸福、风水巫术的说法，都能不为所动。其父曹敬祖本来信奉佛家的学说，曹端早晚常加劝解，并摘取儒家圣贤大道中可以在日常生活中实践的部分，条列成一书，叫作《夜行烛》，比喻凡人处于流俗之中，为邪说所惑而不见真理，就好比在夜间行走没有日月光华的导引，不见道路一般；今有此书，则好比夜行而有烛光照耀，从此将得见大道。书写成之后，给父亲观看，父亲深受感动，从此对于儒家学说欣然接受。曹端又曾上书地方官吏，请求取缔祭祀各种神仙鬼怪的庙宇，以端正风俗。遇上荒年，就劝政府救济灾民，保全了许多乡民的生命。

　　曹端三十四岁中进士，同时担任霍州学政（山西霍州地方中学的校长）；同事中有人祀奉梓潼帝君，他认为是不务正业，祀奉的人辩道："梓潼帝君是专门掌管文教的神啊！"他反驳道："如果梓潼帝君掌管文教，那么孔子又代表什么呢？"学生中如果有人父母过世，他都命懂得儒家正规礼法的人前去帮忙办理丧事。有一次一个学生的父亲去世了，想要请和尚来做法事，超度亡魂，曹端知道之后对他说："佛家的教理，认为人人都有罪恶，所以在人死后要由子女请出家人来做法事，将亡魂从地狱苦难中拯救出来；可是子女这样做，不就是说自己的父母不是坦荡的君子，而是有罪的恶人了吗？"这个学生听了之后说："可是现在社会上都流行这种风俗，如果不这样做，会被人家笑话的。"曹端说："一般人迷信这种流俗，那是因为他们没有读过书；你读圣贤书，明白儒家的礼法，却不认为自己违背了正礼不对，反而以为违背了流俗才是错误，那不是跟不读书的人一样了吗！"

当地有一位樵夫砍柴的时候捡到一件金饰，马上送还给失主，失主失而复得，又惊又喜，认为太难得了。樵夫说："我这样做，只是因为不愿意辜负了曹先生平时对我们乡人的教导罢了。"

又有学生想去戏班子观赏杂耍，走在路上，忽然想起老师平时教他们要用功，不要贪玩怠惰的话，说道："这样做，被曹先生知道了，该多不好意思啊！"于是中途而回。

曹端前后在霍州教学十六年，明宣宗宣德九年（1434年）去世，享年五十九岁。霍州当地人在曹端去世时，都放下工作来祭拜他，街巷到处都可听到哭声，就是孩童也都知道悲伤。曹端家贫，无力送回家乡河南渑池安葬，而就地葬在霍州。

曹端一生求学注重力行实践，每件事都不随便，曾经自述求学的关键："事事都于心上做工夫，才是入孔门的大路。"意思是要人经常反省自己的为人处世，不要只是空记一些道理，说过就算了。由此也可看出曹端的学问是有深厚根基的。

现摘录曹端《语录》的部分内容于后：

《语录》

1.事心之学，须在萌上着力。

【译述】真正追求生命与真理的人，必须每当在心中有念头刚要起而又尚未起的时候，就下判断并做选择，看这念头是否正当，合于天理的就做，不合于天理的立刻去除，这才是自我锻炼的关键。

2.非礼勿视，则心自静。

【译述】如果能将容易引诱自己放逸的东西都舍去，不轻易去看它一眼的话，自然能使自己的心灵清澈干净，专心致志地去追求理想了。

3.天理存亡，只在一息之间。

【译述】人心中的念头瞬起瞬灭，所作所为究竟是善是恶，往往决定于刹那之间，是善的就合于天理，是恶的就背于天理；天理本身我们看不见，可是在人心中念头初起时，我们却自然能够感觉到这个念头究竟是不是合于天理。所以我们锻炼自己品德时，最重要的一刻，就是在念头初起，做决定的时候。

4.圣人之所以为圣人，只是这忧勤惕励之心，须臾毫忽不敢自逸。理无定在，惟勤则常存；心本活物，惟勤则不死。常人不能忧勤惕励，故人欲肆而天理亡，身虽存而心已死，岂不大可哀哉！

【译述】圣人受人崇敬，主要是因为他们的智慧与道德远远超出了一般人，但是他们的智慧和道德又是怎么锻炼出来的呢？其实主要是因为他们终身努力又努力，一心追求生命问题的彻底解决，舍弃了一切现实中的事物，没有片刻懈怠或贪求轻松，才逐渐累积进步来的。要知道天理人人都能感知到，只要是心中随时警醒，待人处事时都依循着它，天理才会呈现，否则只是一番空道理；而人心本来也都是警醒活泼的，但是须随时反省，养成习惯，才不会怠惰。我们一般人就是因为没有像圣人一般终身追求到底，努力得不够，才会经常与自己的欲望妥协，而丧失了天理；人虽然活着，可是心却早已失去了反省的能力，这岂不是令人非常遗憾吗！

5. 无欲便觉自在。

【译述】平常我们有许多烦恼，都是由于我们心中有许多欲望，在现实中却得不到、做不到而引起的，如果能够没有这些现实的欲求，相信心中一定能大为自在了。

方孝孺

　　方孝孺，字希直，浙江省宁海县人。自幼精敏绝伦，双眼炯炯有神；每天读的书厚度往往超过一寸，可以想见他用功的程度，常为乡人友朋所称赞。

　　他二十岁到南京，跟太史宋濂学习，宋濂门下的知名学者都自叹不如，跟老师在一起前后一共六年，尽得其真传。

　　孝孺平日求学不注重辞章文艺，文章在当时望重士林，以倡明王道，使天下太平为己任。他平日生活清苦，一天生了病，又没了粮食，家人前来告诉他，他笑道："古人曾经有一个月只有九天有饭吃，天下穷人甚多，又岂止我们一家人而已！"

　　两次蒙皇上召见，太祖喜爱他举止端正，对皇太子说道："这位先生乃有道之士，应当多接近求教才是。"后被派至四川推行教育。蜀献王朱椿听说孝孺贤能有德，特聘为世子的家庭老师。孝孺的书房本叫作"逊志斋"，赐名"正学堂"。太祖驾崩，太子早逝，太孙朱允炆即位，是为建文帝，召命为翰林院侍讲，负责起草诏书、诰文、檄文。建文帝好读书，每遇有疑问，就召孝孺讲解，君臣之间情同师友，国家大政也常与他商议。

起初朱允炆即位，与兵部尚书齐泰、太常寺卿黄子澄及孝孺，密谋削除诸亲王的大权，先贬周王朱橚，然后依次岷王朱楩、湘王朱柏、齐王朱榑、代王朱桂，或死或贬，引起诸王震恐，人人自危。建文元年七月燕王朱棣在北平起兵称变，历史上称为"靖难之变"。燕兵攻掠城池，长驱南下，中央政府军大都不敌。第二年六月，燕军渡长江，围南京，谷王朱橞及曹国公李景隆开金川门投降，朱允炆知大势已去，下令焚烧宫室，然后自己下落不明，不知所终。燕王入京即帝位，是为成祖，杀齐泰、黄子澄三族，逮孝孺下狱。最初成祖发兵时，有人对他说道："将来攻下南京时，依方孝孺的为人来看，必定不肯投降，希望能放过他不杀，因为杀了方孝孺，天下读书种子将从此断绝了！"这时成祖派人召见孝孺，孝孺拒不见面；又派孝孺门人廖镛前去劝告，孝孺说："亏你读书多年，还不能分辨是非！"后来成祖派人将孝孺抓去，命他投降，并代为执笔起草《告天下百姓书》，孝孺不肯，在大殿上痛哭失声，成祖特别下阶劝道："先生不要自苦如此了，我只不过想要效法周公辅佐幼年的成王一样，辅佐幼主罢了！"孝孺于是反问："那今天的成王（指建文帝）在哪里？"成祖回答道："可惜他自焚宫室之后失踪了。"孝孺又问："那为什么不立成王之子（指建文帝之子）？"成祖答道："国家需要年长的皇帝才能担当大任。"孝孺于是再问："那为什么不立成王之弟（指建文之弟）？"成祖这时无话可讲了，说道："这是我们朱家的家务事，你管不着。"吩咐左右送上纸笔，说道："诏告天下，非你起草不成。"孝孺掷笔于地，边哭边骂道："大丈夫要杀就杀好了，要利用我欺骗天下绝不可以！"成祖大怒，下令将其乱刀砍死，同时杀灭方家十族亲友。死时，孝孺年仅四十六岁，遭连累而死者共八百四十七人。

孝孺一生正直，以圣贤自期，一切世俗之事，都不放在心上。朋友有以文辞相问的，必定告之以大道，并且表示文章不足恃。修身进德的方法，以分辨公私义利最重要。每当有念头兴起时，应当静心细想这个念头是公呢？还是私？是义呢？还是利？这一点如果做不到，就好比放纵强盗在自己家中为非作歹一般，其他什么都不用谈了。

孝孺讲到宋代大儒周敦颐的学问主旨在于求内心专一时，认为人活着只要行事合乎仁义中道，则心意自然不会纷乱而能专一了，并不是要人像木头一般的不动心。又曾经说道："进德修业的功夫应该从幼年时期就开始培养，教导百姓、改善风俗，要先从自己家中做起。"作《杂诫》以自我警惕。平日持守谨严，气魄远大，实为明代一位大家。

现摘录几则《杂诫》于后：

《杂诫》

1. 治人之身不若治其心，使人畏威不若使人畏义；治身则畏威，治心则畏义。畏义者，于不善不禁而不能为，畏威者，禁之而不敢为，不敢与不能，何啻陵谷。

【译述】掌国家大政，治理百姓的人，与其控制人民的身体，不如想办法导引人民内心的善念；因为使人由于害怕刑罚的威胁而守法，不如使人因明白事理而不做坏事来得彻底。以刑罚使人害怕就是控制人民的身体，导引人民心中的善念就是使他明白事理。明理的人，那些坏事不需要你去禁止他做，他也不会做；害怕刑罚的人，你禁止他做坏事，他才不敢去做。这两种方式虽然都可以达到教人不做坏事的目的，可是一个是"不会做"，一个是"不敢做"，其中的差别可就像高山与深谷一样大了。

2. 国不患乎无积而患无政，家不患乎不富而患无礼；政以节民，民和则亲上，而国用足矣！礼以正伦，伦序得则众志一，家合为一而不富者，未之有也。

【译述】对一个国家来说，不怕它现在贫穷，而只怕没有一套完善的制度；对一个家庭来说，不怕它现在不富裕，而只怕没有一套良好的礼法。国家有完善的制度，可以使百姓安居乐业、和睦相处，全国人民都能相亲相爱团结一心，国家自然不愁不能富强了！良好的礼法可以使家中长幼有序，父慈子孝，兄友弟恭，一家人自然同心协力，互助互爱，做到这一步而不能发达的家庭，似乎从来没听说过。

3.君子有四贵：学贵要，虑贵远，信贵笃，行贵果。

【译述】君子有四点要特别注意的事项：求学必须有要领；考虑事情眼光要看得远；说话要有信用；做事要脚踏实地，实实在在地去做。

4.人或可以不食也，而不可以不学也。不食则死，死则已；不学而生，则入于禽兽而不知也！与其禽兽也，宁死！

【译述】人活着，必要时可以不吃东西，但是不能不读书学习做人的道理；不吃东西会饿死，然而又有哪个人是不死的呢？但是活着不求学的话，往往做错了事自己都还不晓得，那就同禽兽一样了。与其像禽兽一般活着，还不如死了算了。

5.爱其子而不教，犹为不爱也，教而不以善，犹为不教也，有善言而不能行，虽善无益也，故语人以善者，非难闻善，而不懈者为难。

【译述】一个人如果爱他的儿子却不让他受教育，那就不是真的爱他；虽然他受教育了，可是教给他的不是正确的道理，那就等于没有教一样；教了正确的道理却不能照着做，那再好的道理对人也没有什么用处。所以不是正确的道理难得听到，而是有恒心肯照着做的人太少了。

6.古之仕者及物，今之仕者适己，及物而仕乐也，适己而弃民耻也；与其贵而耻，孰若贱而乐，故君子难仕。

【译述】古人读书做官，爱护人民，替社会造福，现在的官吏却只知道自己享受。爱民而造福社会的人，心中才会真正感到快乐，只图自己享受而不顾百姓的人是可耻的。我们与其居高位享受富贵荣华而被人瞧不起，倒不如虽然生活贫贱却良心平安来得有意义。所以真正的君子往往不愿做官。

第五章

姚江学案

王守仁

前面我们介绍了明学前期的主要人物，现在我们就要进入明学最辉煌的领域了。在这整个时期里面，几乎所有学者的眼光都集中在一个人身上，他就是照亮了整个明代的王守仁。

王守仁，字伯安，求学者皆称其为阳明先生，浙江余姚人。在正式介绍王守仁以前，让我们先从他的父亲王华说起，因为像王守仁这样出类拔萃的人物，他的祖先也有许多不同凡响的事迹。

王华，字德辉，别号龙山公，自幼机警聪敏，异于一般小孩，这可以从他小时候发生的一件事情上看出来。那时龙山公才只有六岁，有一天与邻居小孩一同在河边玩耍，远远望见一个醉汉正在水边洗脚。等他洗完走开之后，龙山公走到河边一看，地上留着一个皮口袋，伸手提了提，居然颇为沉重，猜想其中必有贵重的什物，而且多半是刚才那个醉汉忘了带走的，等他酒醒之后一定会前来寻找，于是决定留下来替他看着。可是又怕别的小朋友过来拿了去，于是将皮袋沉入水中，不知道的人从水面上就看不出来了。等了一会儿，其他小孩都要走了，其中有几个看见龙山公好像把什么东西丢入水中的小孩特别跑过来，问他丢的是什么东西。龙山公说："不过是几块石头罢了！"并且乘机假装肚子痛走不动，要休息一下，叫他们都先回去，不必等他了。小朋友们走开之后不久，前面那个醉汉果然急急忙忙地来了。龙山公站起身来问道："你是在找一个皮口袋吗？"那人听了，脸上露出欣喜的神色回答道："是啊！是啊！小兄弟，你看到了吗？"龙山公告诉他："我怕有人取去，特地把它藏在水中，你自己拿起来吧！"那人下水将皮袋捞起，打开一看，只见里面好多块金子，一点都没有遗失，心中非常高兴，于是取了一块小小的金子要送给龙山公，并且说道："这是给你买糖果吃的！"龙山公听了也不伸手接过，只是笑了笑说道："我家难道还少了糖果吃而需要你的金子吗？"说完便掉转头飞快地跑开了，回到家中也不向大人提起，就像没事一般。

过了年，龙山公七岁了，母亲岑夫人开始教他认字读书，这时正好遇到村子里举行迎春花会，邻里中的小孩都欢呼着跑到街上观看游行杂耍的队伍，只有龙山公端坐在书桌前继续读书，岑夫人心疼他，说道："先去看看再回来读吧，不要紧的。"哪知龙山公回答："观春不如观书呢！"

龙山公已经正式进私塾跟随老师上学了，有一天正在上课，新上任的县官出外办事，从私塾门前经过，跟随的仆从人数很多，一路大声吆喝开道，同学们都挤到窗口或门前观看，只有龙山公仍然坐着朗诵，声音直传户外，老师在一旁说道："你这么大声难道不怕县太爷吗？"龙山公说道："县太爷也只不过是个人罢了，有什么好怕的呢？而且我读书又不犯法，更加不用怕他了。"老师隔天遇到他的父亲便说道："贵子弟将来长大一定不是普通人。"

十四岁那年，龙山公为了准备考试，在当地一座叫作"龙泉寺"的庙中借住，利用那里清静的环境读书。这间寺庙相传有妖怪作祟，每天晚上都会出来抛砖丢瓦的，以往在这里借住的书生，都曾经受到惊吓，甚至有些比较胆小的还因此而生了病。这回龙山公与一个老家人一同来了之后，居然就不再闹鬼了，每夜都安安稳稳的没有什么动静。寺中的和尚都觉得奇怪，倒要试他一下。有一天晚上趁龙山公一个人秉烛夜读的时候，用一个猪尿泡，在上面涂了灰粉，再画上眉毛和眼睛，插上一支芦管，从窗户的缝隙中穿进屋内，然后从窗外透过芦管吹气，使猪尿泡膨胀起来，就像一个鬼头，并且口中发出一些怪声，像是鬼叫，以为这下子可把这少年书生给吓着了。哪知道龙山公见了，一点也不动声色，只是从床头取出一把小刀，走到窗边一刺，就把那个泡刺破了。这样一来，气也漏光了，和尚们只好拉了出去跑开躲了起来，龙山公也不生气，把刀放好，照样读书，并不以为意。

成化七年（1471年），龙山公与郑夫人结婚，不久郑夫人就怀了身孕，可是经过十四个月还没有生产，而通常妇女怀孕十月就会生产，所以家人都觉得怪异。一天，龙山公的母亲岑夫人睡觉时做梦，梦到一位身穿红衣服的神仙从云中伴随着音乐声，送来了一个小孩，随即惊醒，恰好这时家中女仆来报告媳妇生了孙子，而这个孙子就是我们所要介绍的阳明先生王守仁了。

起初祖父为他取了一个单名叫作云，邻居也都称他出生的阁楼叫"瑞云楼"，这都是因为守仁出生时祖母梦见云中降儿的缘故。但是这孩子到了五岁时却还不会说话，有一天奶妈抱着他在门口散步，这时有一位出家云游的和尚正好打从门前经过，听见奶妈呼叫小孩的名字，就过来用手抚在孩子的头顶上，说道："好个小儿，可惜道破了！"祖父听奶妈说起这件事之后，以为王云这个名字泄漏了天机，所以至五岁都不会讲话，于是改名为守仁，而就在这一天，五年来都未曾开过口的王云，居然能够说话了。祖父平时读过的书，现在竟然大都能背诵出来，大人们非常讶异，问他怎么会的，守仁回答："过去虽然不会说话，可是当祖父读书的时候，我在一旁听着，就都暗中记住了。"

当时有一个大户人家的员外，听说龙山公学问不错，于是聘请他到家中当家庭老师，教子弟们读书。一天夜晚，龙山公正在自己房中休息，忽然有一位美女敲门来访，龙山公吃了一惊，正要走避，美女开口说道："先生请不要惊讶，小女子乃是此地主人的小妾，因为主人年纪渐渐大了，却一直没有一个儿子，特地前来借种于先生的。"龙山公听了之后说道："我承蒙主人的厚爱留在此处当老师，怎么可以做这对不起他的事呢！"美女这时就从衣袖中取出一把折扇交给龙山公，并说道："我此次前来是奉了主人之命，先生看看扇面上题的字就知道了！"龙山公打开折扇一看，果然上面有题字，还是主人的亲笔，写了五个字——"欲借人间种"，龙山公也不答话，从桌上提起笔来，在后面又添了五个字——"恐惊天上神"，然后将折扇塞给美女，并坚决请她回去，不要再来打扰。

这件事过去不久，龙山公就上京参加会考。而前面这位大户人家的主人却请了一位法师到家里来设坛作法，祈求子嗣。法师伏在坛上不久就睡着了，过了很久，等到天都黑了才苏醒过来，主人连忙上前问他原因，怎么一去这么久才回来，法师说道："刚才我睡着了之后，灵魂捧着您向上天求子嗣的奏章直上南天门，正好这时遇到天上迎状元榜，等了很久才将奏章送进去，所以迟了。"主人问道："那么今年的状元是谁呢？"法师回答："不知道姓名，但是在迎状元榜的队伍前有两面大旗，旗子上写了一副对联，上联是'欲借人间种'，下联是'恐惊天上神'。"主人听了大为惊骇，一句话也说不出来。过不久，会考结果龙山公果然中了状元，而此时守仁也已经十岁了。

第二年龙山公在京中做了官，派人到家乡迎接父亲竹轩翁到京中同住，竹轩翁就带着守仁，祖孙二人一同前往。途中在金山寺借住，竹轩翁与一些同行的朋友饮酒作诗，吟了许久却想不出好的诗句，这时守仁在一旁对祖父表示他会作，祖父笑着说道："小孩子也会作诗吗？"同时递了一支笔给他，守仁接过来，随即写出一首诗，内容是：

金山一点大如拳，打破维扬水底天。

醉倚妙高楼上月，玉箫吹彻洞龙眠。

在座的客人一见之下大感讶异，都肃然起敬，想不到小小十岁孩童，竟然出口成章。过了一会儿大伙往"蔽月山房"游玩，祖父问道："还能再作一首吗？"守仁随口念道：

山近月远觉月小，便道此山大于月。

若人有眼大如天，还见山小月更阔。

同游诸人都对竹轩翁说道："令孙年纪虽小，但是诗文中的意境不落俗套，想将来一定以文章扬名天下。"守仁听了说："文章作得好只不过有点灵感与才华罢了！这算不了什么，哪里谈得上扬名天下呢！"大家听了更加不敢轻忽这个小孩了。

十二岁，守仁在京城中入私塾读书，可是不肯专心用功，常常偷跑出来与小朋友们游戏，制作了不少大大小小的旗帜，交给其他小朋友拿了，分四方站好，自己当大将军站在中间，呼唤调度，左旋右转的，隐隐然有些作战布阵的声势。父亲龙山公出门来在一旁瞧见了，非常生气，把他叫过来训道："我们王家，世代都是读书人，你现在不好好读书，偷跑出来玩这些行军打仗的做什么？"守仁听了就问父亲："读书有什么用呢？"龙山公告诉他："好好读书就有机会做大官，像我能中状元，都是从前勤奋读书的缘故。"守仁又问："父亲中了状元，后代子子孙孙是否还是状元？"龙山公说道："只有我自己一生是状元，后代子孙不能够继承，所以你如果也想要当状元，最好赶快去用功读书！"守仁听了，笑着说道："只能够一代，那么虽然是状元也没什么稀罕！"龙山公听了大怒，就捉住守仁好好责打教训了一顿。守仁曾经问老师："在世界上，要怎么样才算得上是第一等人啊？"老师告诉他："像你父亲那样，考试中状元，显亲扬名，就是第一等人了。"守仁吟道："巍科高第时时有，岂是人间第一流。"意思是说考试中状元虽然不容易，但是既然年年有考试，那就年年都会产生第一名的状元公，这样说来，天下状元公也有不少，那就不稀奇了。老师听他这么说，不禁好奇心起，倒要看看他的志向是什么，于是问他："那么依你看，要做哪种事才算得上第一流呢？"守仁回答道："唯有圣贤人物才是第一！"父亲龙山公在一旁听了笑着说道："好小子，志向未免太夸大了吧！"

一天，守仁走在街上，看见有人在卖鸟，就问他要，卖鸟的不肯给，两人起了争执，这时正好有一位相士经过，一见守仁的容貌，大惊道："此人将来必定大大地出人头地，建立非常的功名！"于是自己出钱买鸟送给守仁，并且殷勤嘱咐道："你应当勤奋读书，自爱自重，我的话将来必定会应验的。"说完一转眼就不知去哪里了。守仁感念他的话，心中顿有所悟，从此收敛起外向的性情，专心求学，学问开始一天比一天有了进步。

十三岁，守仁的母亲郑夫人去世了，居丧期间，守仁哭泣甚哀。父亲有一位宠爱的小夫人，待守仁不好，常有无礼的举动。一天守仁在街上看见有人用绳子系住一只枭（被认为是不祥之鸟）在卖，就出钱买了；然后又找到当地一名专门为人算命解梦的女巫，给了她一些钱，并且告诉她一番话，叫她等王公馆中的小夫人派人来请时，见面就如此这般说一遍。一切安排好了之后，守仁就带着枭偷偷从后门回到家中，然后趁人不注意的时候，潜入庶母的房中，将枭藏在棉被里面。过了一会儿庶母回房休息，揭开被子，枭冲天而起，绕屋而飞，口中发出怪声，小夫人大惊失色，打开窗子赶这只鸟出去，等了好久才飞走，传说野鸟飞入室内是不吉祥的征兆，更何况是枭这种最令人忌讳的不祥之鸟，而且又藏在被中，妇人家的卧室都在内院深闺中，又是怎么飞进去的呢？岂不是大怪极异的事吗？守仁等在屋外，听到房中惊叫之声，假装不知道发生了什么事情，跑进来问到底怎么回事？小夫人将事情经过说了一遍，守仁就说："那何不找巫者来问问，看是什么征兆？"小夫人当下就派人请了前面那名女巫师来，巫师一进门就先说家中有怪气，等见了小夫人又说夫人的气色不佳，当有大难临头。小夫人告诉她刚才揭被见到枭鸟的事之后，女巫说道："老妇人要问问家神。"于是点起香烛，命小夫人跪下拜祷，又焚烧纸钱，稍后，女巫就假装被守仁的亲生母亲郑夫人附了身，说道："你对我儿无礼，现在我告到天府，就要取你的性命来了！刚才的怪鸟就是我的化身。"小夫人信以为真，跪着频频磕头，认罪悔过，以后再也不敢了，只求这次饶了性命。过了好一会儿，女巫才醒过来，说道："刚才见到去世了的大夫人，看她意思非常生气，要化作怪鸟来啄你的魂魄，幸好你答应改过，才升空飞走了。"小夫人从此对守仁特别有礼，再也不敢欺他是没娘的孩子了。守仁当时尚在童年阶段，而权谋就已达到如此令人难测的地步了。

十四岁，守仁开始学习骑马和射箭，同时又研究兵法，他曾经说："一般读书人有一个缺点，就是只能文而不能武，孔子当年推行国政的时候，一定是有文事必有武备。而现在普通读书人大都心胸狭小，理想不高，只能在现实中追求功名，安享富贵，一旦发生重大事故，往往临变束手无策，这是通达事理的大儒所不齿的。"

十五岁，守仁跟一些长辈到北方游历，到过长城上重要的关口——居庸关，见到壮丽的大漠风光，心中豪气顿生，慨然而生经略四方的志向。一晚，梦见身在汉朝伏波将军马援的庙中，于是作诗一首：

卷甲归来马伏波，早年兵法鬓毛皤。
云埋铜柱雷轰折，六字题文尚不磨。

十七岁，守仁回到家乡，不久就奉父命前往江西迎娶江西布政司参议诸养和先生的女儿为妻。结婚那天一大早，守仁出门散步，走着走着就到了一所叫作铁柱宫的道观，在侧殿中见到一位道人，眉毛深长，满头白发，正在盘膝静坐。守仁上前行礼，并问道："求道者是哪里人？"道人应道："四川人，因访友而到此。"守仁又问他多少岁了？答道："已九十六岁。"再问姓名，则回答的是："自小出外云游学道，不知自己姓名，平时大家见我经常在静坐，就叫我'无为道者'。"守仁见他精神健旺，声如洪钟，猜想是一位得道的长者，于是向他请教养生之道，道人告诉他："养生的要诀，最重要的就是一个'静'字。"守仁若有所悟，于是留下来与道人闭目对坐，一动也不动，就像两根枯木，也不知时间渐渐过去，将要黄昏了。而这时家中正准备结婚大典，却不见了新郎官，大家都非常着急，先生的岳父诸养和派了许多官署中的衙役到处去寻找，仍然找不到，一直到第二天清晨才在铁柱宫中遇着，而两人的姿势位置却丝毫未变，真是废寝忘食了。

　　守仁回来完婚之后，就暂时住在岳父家中，此处纸张非常丰富，守仁每天都取来练习书法，由于天天勤练，纸都要被写光了，他的书法大有进展。他曾经说："最初我练字，都临摹古人的碑帖，但如此只能学到古人的字形，却没有自己的情感在里面。后来就不轻易落笔了，先在心中仔细思索，整个字有把握一气呵成之后才下笔，渐渐地才懂得了书法的重点。前代大儒程明道先生说过：'我写字的时候非常专一，并不是要字好，只是学道之人借此锻炼自己的专一罢了。'然而既不要字好，那学的又是什么呢？单是'不要字好'这一个念头留在心中，就已经是不专一了。"守仁此时才十七岁，然能有此见地，可以说明他的确识见超越常人。

十八岁那年冬天，守仁与诸夫人同回余姚，经过江西上饶，拜访我们前面介绍过的娄谅，娄谅告诉守仁宋朝儒者们进德修业的方法，并且说明经由勤奋的学习而人人都必定可以达到圣贤的境地。守仁深以为然，从此立志求为圣贤，平常谐谑豪放的行为，现在都收敛起来，经常一边端坐着自我反省，一边说道："啊！我今天某件事又错了！"

二十一岁，守仁参加乡试，夜半监考官忽然见到空中出现两个巨人，一穿红衣，一穿绿衣，相向对立着大声说道："三人好做事！"一说完就不见了。等到发榜，守仁与孙燧及胡世宁三人同时录取。后来宁王朱宸濠叛变，胡世宁最先揭发他的阴谋，孙燧因不肯投降而遇难，最后乱事由守仁平定，人们都以为是"三人好做事"这句话应验了。

二十二岁，参加京中的会考落榜，同考的一位朋友也没能录取，自觉羞耻，守仁知道后就对他说："一般人都以考不取没面子感到羞耻，而我却认为因考不取而动摇心志，患得患失，才是可耻！"友人听了这番话非常感动，佩服守仁的涵养。

二十六岁，守仁因父亲在朝为官也同住京中，当时边疆有外患侵扰，告急求救的信息传抵京城，举朝仓皇失措，推选增援的大将，没有一个人才可以派遣的。守仁见了感叹道："国家虽然设了军事考试制度，但是选举出来的都是些武夫，只会骑马射箭罢了，却无法求得能运筹帷幄、统驭大军的将才，太平的时候不研究战略，多培养通才，一旦有急事要用人的时候，要到哪里去找呢？"于是开始注意研究兵法韬略。每遇有宴会的时候，桌上有许多客人吃剩下的果核，就拿来在桌上排起阵图，指点开阖进退、布阵作战的方法。

二十八岁，守仁再参加会考，得了第二名。第二年被任命为刑部主事（检察官），第三年出巡视察江北一带，居民有冤屈的多给予平反，深得百姓的爱戴。公事完毕之后，顺路游历九华山，经过无相寺等庙宇，留宿庙中，见一名修行者，蓬头垢面，坐在堂中，衣服敝陋，似癫若狂，守仁知道这是一位异人，以客礼致敬，并请教凡人可不可以经学习而变作神仙，行者摇头说道："尚未！尚未！"过了一会儿，守仁特意将旁人都遣了开去，将这位异人请到后堂正厅中坐了，再度拜问，这行者又摇头说道："尚未！尚未！"守仁并不气馁，仍然恳求不已，行者于是说道："你自以为对我躬敬礼拜，甚是有礼，我就会告诉你什么了！我看你全身一团官相，还想谈什么神仙！"守仁听了哈哈大笑，作别而去。至地藏洞，听说山岩之巅有一老道，不知姓名，坐卧都在松叶上，不食人间烟火，于是守仁盘旋而上，直至山顶，见老道蜷足熟睡，于是在一旁等候，良久老道睡醒，见到守仁，大吃一惊，问道："如此危险的山路，你是怎么来的？"守仁说道："想和长辈论道，不敢怕辛苦。"于是两人大谈儒、道、佛三家的学问宗旨，尽兴而归。第二天再去拜访，老道已经迁居他处，不知所终了。

三十岁，守仁回到京中复命。此时京中名士间流行古文，彼此结为诗社，都来约守仁加入。他感叹道："我岂能将有限的精神耗费在这些无益于解决生命痛苦的事情上？"于是假托生病，辞官回家乡去了。从此在家乡附近四明山上阳明洞中筑室隐居，因为这个山洞在四明山之阳（阳指南面，阴指北面），所以称作"阳明"，守仁也因此而自号"阳明"。行神仙导引之术，不久能未卜先知，名声渐渐传出，不时有人前来请教吉凶祸福，守仁之言，多必中。一天，忽然醒悟到这些都只是欺弄精神的玩意儿，不是正道，从此绝口不谈此类事情了。

又过了一段日子之后，守仁很想脱离尘俗的牵扰，准备出家隐居，不问世事了，可是心中对于祖母及父亲总是挂念着，放不下心来。踌躇彷徨不能决定，忽然又觉悟到这种孝悌亲情，从小就种在心中了，这个思亲的念头如果都能舍弃的话，那简直就失去人之所以为人的天性了。于是不再有遁世隐居的念头，迁居到西湖边上。

一日，听说附近有一位和尚，闭关修禅，终日闭目静坐，已经三年没有开口说话，三年没有睁眼看物了。于是他前去拜访，见了面以禅机大喝一声说道："你这个和尚，整天张着嘴在说些什么？又整天睁着眼在看些什么？"和尚惊起，见了守仁作礼问道："小僧在此不说不看已三年了，先生却说张口说什么？睁眼看什么？这真是从何说起啊？"守仁于是问他："你的家乡在哪里？离家几年了？"和尚回答道："我乃河南人，离家已经十多年了。"又问："你家中还有什么亲人没有？"和尚答道："只有一位老母，但因离家已久，不知是否还活着。"守仁说道："那你心中还会起念想到她吗？"和尚答道："说实在的，不能不思念。"守仁于是说："你既然心中不能不起思念，那么虽然整天不开口，心中已经在说着了；整天闭着眼睛不看，心中已经在看着了。"和尚经此当头棒喝，猛然醒悟过来，合掌向守仁敬礼，并且说道："施主真是妙论，还请再更加指点一番！"守仁说道："父母亲情，本于天性，岂能够将它断灭呢？你不能够不起念，其实不是坏事，正表示你的真性真情，要知道你虽然整天呆坐着，不但于身心无益，反而搞乱了天生的本性，俗话说得好，'爹娘便是灵山佛，不敬爹娘敬何人？'"话才说完，和尚不由得放声大哭起来，跟着说道："施主说得极是有理，明天一早小僧就要回家去探视老母了！"第二天守仁再去拜访，庙里其他和尚说："天还没亮就背着行李回家乡去了。"他听了之后说道："人性本善，可以由这个和尚身上得到验证了。"于是从此更潜心追求圣贤的学问。

三十三岁，守仁改任兵部主事，往京师上任。有鉴于当时求学者风气，流于文章诗词记诵小技，而不知什么才是真正有益于身心的学问，于是首先提倡讲学，凡是来听讲的人无不兴起奋发向上的决心，来求学者日渐增多起来，守仁俨然以师道自任，同辈的朋友或同事中有人讥笑他好名，只有翰林学士湛甘泉懂得他的苦心，与他一见如故，结为莫逆之交。

第二年，孝宗皇帝驾崩，武宗即位，宠信宦官刘瑾等八人，号称"八党"。刘瑾尤其得宠，擅权干政，假传圣旨，迫害忠良。

南京科道官（是专门向皇帝建言的官职）戴铣等人上疏言道："皇上刚即位，应该亲近君子远离小人，不应该排斥大臣，任用宦官。"触怒了刘瑾，下令将戴铣等人都缉捕下狱，送来北京审问。守仁目睹时政败坏，满怀忠愤，于是上疏相救戴铣等人，结果也得罪了刘瑾，将守仁逮捕之后，廷杖四十下，然后贬为贵州龙场驿丞（相当于今之邮政局局长）。守仁之父此时亦在京为官，听到消息之后，高兴地说道："我儿子这一来得为忠臣，留名青史，我这辈子心愿已了，再没有遗憾了。"

三十五岁，守仁离京前赴龙场就任，但刘瑾心中的气却还没有消，暗中派人在后面跟随着，要找机会害死守仁。天幸他机警，半途又得义士相助，假装投水自尽，骗过刘瑾派来的官差，只身逃得性命，来到了龙场。

龙场位于贵州西北部，丛林中蛇虫出没无数，瘴疠蛊毒，苦不堪言，而当地土人语言又与中土不同，住的地方都是将土堆起来，再挖个窟洞，然后就在其中睡觉休息。守仁于是教导他们伐木筑屋，建立种种规模，并且种花植树，美化环境。久了以后语言彼此通晓，又教导他们礼义孝悌、待人接物的道理，与土人相处和睦，亲爱如家人。不久接到家信，获悉刘瑾得知自己没被害死，非常生气，迁怒父亲龙山公，解了他的官职，赶回家乡。阅毕来信，守仁心想："我现在对一切得失荣辱都能看破了，只有生死这一念，还不能超脱。"于是在后院中用石头凿了一个石棺，经常昼夜都端坐在其中，胸中不带一丝杂念，就像要临终了一般，借此来锻炼自己。仆人在此蛮荒之地，往往不堪劳苦忧患，常有人生病，守仁就亲自照顾他们，又自己编歌填词，唱给他们听，并且说些有趣的事，让他们高兴。他心想："如果换了古往圣贤处此境地，不知是否还能做得更好。"一晚静坐，忽然大悟，人人心中有一个良知。只要一切行事作为不离良知，就是圣贤的大道了，暗中默记五经上的话与自己的体悟互相印证，无不吻合，从此做去，再无怠惰，于是写了一本叫作《五经臆说》的书。此时守仁三十七岁。

第二年，一向敬重守仁的贵州督学席书，特聘请他主讲贵阳书院，并叩问守仁："致知与力行，是一层功夫，还是两层功夫？"守仁说道："求知与力行本自合一，不可分为两件事，就好比我们说某人知孝悌，必定是他已经行过孝悌的事，平时在家孝顺父母，敬爱兄弟，好的行为传了出来，我们才会称他知孝悌。又如知痛，必然已经先有过痛的经验；知寒，必定已经先有了寒的感觉。'知'其实就是我们人去'行'的动机，'行'就是'知'的落实功夫，古人只因为世上有些人，往往冒冒失失地胡乱行去，所以先说一个'知'，原是为了补偏救弊，并不是硬要分'知''行'为二。若是不能'行'，终就是不'知'。"席书大服，乃率贵州全省师生来拜守仁为师。

三十九岁，刘瑾在作恶多端之后被杀，守仁得以平反冤屈，升任庐陵知县，即到任，治理政务，不主张用刑罚威逼百姓，而以开导百姓心中人人本有的善念为根本。又选出三位邻里中德高望重的老人家，凡有人来告状打官司的，先叫他们去见这三位老人家，好言相劝，分析事理，而不直接用刑罚来审问，经常有百姓盛气凌人而来，在听了老人家劝解之后，感动哭泣而回的。

守仁在任期间治绩良好，百姓称颂。平时聚众讲学，指点进德修业的门径，声名渐渐传于各地。朝廷也开始重用守仁之长才，不断提拔调任，四十一岁时升任南京太仆寺少卿；后年升任南京鸿胪寺卿；四十五岁升都察院左金都御史，巡抚江西南部各地，此时当地各郡县皆有巨寇扰乱乡民，兵部尚书王琼特别推举守仁担任剿匪工作；守仁虽为一介书生，然而少年时精研兵法，留心武事，到此时正好发挥作用，再加上悟道以来，于世间种种事理皆通达无碍，处理行军打仗的事亦如平时居家应对一般，有其定理可循，因此屡建功勋，不多久即将为害多年的地方大患给一一剿平。然而守仁一本仁爱的心怀，处处留有余地，并不赶尽杀绝，纵然是匪徒恶人，只要愿意归顺改过的，都给予自新的机会，并且每平定一处地方，就视当地所需，或设郡县，或兴学堂，种种地方建设配合军事行动推行，总要根绝后患，解除盗匪之所以成为盗匪的原因。

四十八岁，守仁在福建。此时发生了一件大的乱事，那就是宁王朱宸濠于江西南昌起兵造反，守仁奉命发兵击之。乱事起于六月，初起时，宁王声势浩大，举国震动，叛军沿江而下，直指南京，守仁趁叛军围攻安庆不下，后方根据地南昌守备空虚，先一举攻下南昌，使叛军前后受敌，然后分派任务，指挥若定，各个击破。七月下旬即在最后一场大会战中，擒获了造反的宁王朱宸濠。自乱起至乱平，仅四十二天。自古以来，勘定祸乱，从没有如此迅速的，真可称得上是用兵如神了。门人邹守益前来道贺说："老师成就百世功名，名垂青史，我们都非常高兴。"守仁说道："谈到功劳，那是将士用命努力得来的，真正高兴的是昨晚我睡得很熟，一夜到天亮都没有醒来过。"

在这场大乱事平定之后还有一段插曲，值得一提。那就是守仁虽然已经擒住朱宸濠平定了乱事，但是此时的皇帝明武宗却突发奇想，同时又收到了宦官张忠，奸臣江彬、许泰等人的消息，想乘机游历江南，于是宣布御驾亲征。八月，皇帝自称"奉天征讨威武大将军镇国公朱寿"，从北京出发，九月到了南京，江彬等人恨守仁已平乱事，不但使自己没有功劳可立，同时皇帝亲征亦无贼可擒，将令天下人笑话，于是竟然叫守仁将朱宸濠带到鄱阳湖放了，好让武宗皇帝亲自打一场，守仁听了这种荒唐的事情之后，连夜派人将朱宸濠快马加鞭地送到浙江杭州，交给宦官张永，转送南京，一方面又上疏乞求退休养老，并将功劳都说成是江彬、张忠、许泰等人的，以避祸害。此时守仁已四十九岁了，途中经过九华山，重游化城寺，又至地藏洞，思念二十几岁时于此见老道，共谈三教的道理，今天年纪将近五十，一晃二十多年就过去了，受功名羁绊，不得自由，进不得面见圣上，扫除奸臣；退不得归卧林泉，专心讲学，不觉凄然长叹，心生退隐之念。然而多次上书请求退休，都不获允准。

又过了几年，守仁已五十五岁，此时广西思恩、田州一带又有乱事，朝廷又派守仁平乱，他力辞不得，于是在秋天发兵，十一月到了当地。他不用武力，先命人招降贼首，晓以大义，贼人皆有感于守仁的恩德，自缚谢罪。他仅杖责之后就释放归家，不动声色之间就平定乱民七万多人。于是班师回朝，一路上讲学不止。经伏波将军庙，见庙中马援像，回忆昔时梦见伏波将军的情景，如在梦中。

此时守仁年事已高，又半生忙碌，积劳成疾，行至南安府，门人周积前来相见。他勉强起身接见，虽咳嗽不停，但还是频频以努力进学相勉励。然后改搭江船由周积一路护送。嘉靖七年（1528年）十一月二十八日晚，船泊江岸，守仁问是何地，侍者回答："是青龙铺。"第二天，召周积到船中，守仁睁开眼睛注视良久，然后说："我要去了！"问有何遗言？守仁笑道："此心光明，亦复何言！"再等一会儿，瞑目而逝。此时守仁五十七岁。

守仁一生事迹多彩多姿，学说著作也多，尤其对儒家学理有深刻研究，虽然守仁本身聪明绝顶，然而这都是守仁一生努力追求才达成的。中国历代圣贤人物，到守仁为止，守仁以后直到今天，能达到这种程度的，尚不多见。

现将守仁著作摘要选录于后：

《语录》

1.志道恳切，固是诚意，然急迫求之，则反为私己，不可不察也。日用间何莫非天理流行，但此心常存而不放，则义理自熟，孟子所谓"勿忘勿助"，深造自得者矣。

【译述】一个人恳切地追求生命的智慧，自然是表现一种对智慧的热爱；但是如果追求得太急切了，反倒变成一种要求速成的私心了，这一点要有能力分辨才好。其实平常生活中，一言一行又何尝不是蕴含着天理呢？只要我们心中能够随时警醒自己，凡事依着良知去做，久了以后，自然能够将各种道理视为当然。孟子教人自我锻炼的时候，要像农夫种稻一样，不要忘了去浇水除草，可是也不要嫌秧苗长得太慢，而将秧苗拔高一点助它生长，因为只要拔高一点，秧苗就会枯死，一定要循序渐进，工夫下得深了，自然会有属于自己的心得。

2. 变化气质，居常无所见，惟当利害，经变故，遭屈辱，平时愤怒者，到此能不愤怒；忧惶失措者，到此能不忧惶失措，始是得力处，亦便是用力处。天下事虽万变，吾所以应之不出乎喜怒哀乐四者，此为学之要，而为政亦在其中矣。

【译述】一个人的修养器度如何，平常小事情上看不出来，一定要遇到重大的利害关头，经历变乱，遭逢屈辱挫折的时候，才看得出来。往常令自己容易生气发怒的事，现在能忍耐得下，平常令自己惊慌烦恼的事，现在也能镇定不乱，这才是修养的功夫见了功效，并且正是自我锻炼的好机会。要知道天下的事物虽然变化万千，但我们面对这些事物时，情感的反应却只有喜、怒、哀、乐这种，只要能控制自己这几种情绪，求学也好，服务社会也好，一定能够事半功倍。

3.必欲此心纯乎天理，而无一毫人欲之私，此作圣之功也。必欲此心纯乎天理，而无一毫人欲之私，非防于未萌之先，而克于方萌之际，不能也。

【译述】求学者求为圣贤，心中必须没有一点自私的欲望，而充满了纯粹的天理；但是要做到这种程度，必须时刻警醒，在心中私念还没有起来的时候，多多培养公正的心怀，一旦有私念，在它刚萌发的时候就极力克制，千万不要让私念继续发展，做出行为来，除此之外，再也没有其他好办法了。

4.天下古今之人，其情一而已矣，先王制礼，皆因人情而为之节文，是以行之万世而皆准。其或反之吾心而有所未安者，非其传记之讹缺，则必古今风气习俗之异宜者矣。若徒拘泥于古，不得于心而冥行焉，是乃非礼之礼。

【译述】古往今来，世人心中的感情本质上都是一样的，古代帝王制作各种礼仪规范让人遵循，都是观察人的基本情感，然后立下规范，使他的情感一方面能够得到排遣，但一方面又不至于太放纵而漫无节制。到了后代，在我们心目中也许觉得有许多不恰当的地方，这如果不是古人记录流传的时候有了脱漏或错误的地方，就是古代和现代的风俗习惯不一样，所以我们才感到格格不入。所以遵守礼仪规范，若只是死守着古代典籍上的教训，尽管心中觉得不对劲，仍然盲目地照着去做，反而是不合礼的了。

《传习录》

1. 爱问："至善只求诸心，恐于天下事理有不能尽。"曰："心即理也，此心无私欲之蔽，即是天理，不须外面添一分，以此纯乎天理之心，发之事父便是孝，发之事君便是忠，发之交友治民，便是信与仁，只在此心去人欲存天理上用功便是。"爱曰："如事父一事，其间温清定省之类，有许多节目，亦须讲求否？"曰："如何不讲求，只是有个头脑，只就此心去人欲存天理上讲求，如讲求冬温，也只是要尽此心之孝，恐怕有一毫人欲间杂；讲求夏清，也只是要尽此心之孝，恐怕有一毫人欲间杂，此心若无人欲，纯是天理，是个诚于孝亲之心，冬时自然思量父母寒，自去求温的道理；夏时自然思量父母热，自去求清的道理。譬之树木，这诚孝的心便是根，许多条件，便是枝叶，须先有根，然后有枝叶，不是先寻了枝叶，然后去种根。《礼记》'孝子之有深爱者，必有和气；有和气者，必有愉色；有愉色者，必有婉容'，便是如此。"

【译述】徐爱问道："先生教我们锻炼自我人格，要达到彻底完美的程度，只需自身内心中经常反省。可是这样一来，恐怕对于天下万事万物的道理就忽略了。"守仁答道："内心的良知与外在事物的道理，不应该把它们截然分开了来看。只要我们内心的良知能够不被自身的私欲给蒙蔽了，那么所作所为自然会合于天理，不需要再添加什么了。用这种充满了天理良知的纯然心去处理现实中的事，用在侍奉父母这件事上，自然就合于'孝顺'的道理；用在侍奉君王这件事上，自然就合于'忠'的道理；用在结交朋友、治理人民这些事情上，自然就会合于'信义'与'仁爱'的道理。你只要从内心去除人的私欲而保存天理良知上下功夫，就行了。"徐爱又问道："可是就拿侍奉双亲这件事来说吧，这里面有许多细节，比方要照顾父母的起居，使他们冬暖夏凉，早晚都要请安问好等，这些难道都不需要仔细研究吗？"守仁回答道："谁说不要讲究呢！只是天下事理实在是太复杂繁多了，你能够什么道理都去讲究一番吗？如果做不到，那就必须有一个重点，这个重点就是要我们从内心去除人欲、存留天理上做起。好比说冬天要讲究如何使父母能得到温暖，你的内心中一定先有了对父母尽孝的动机与念头，恐怕自己有私欲掺杂在心中，侍候父母的时候就有不周到、不尽心的地方了；夏天要讲究如何使父母过得凉爽，内心中也一定先有了对父母尽孝的心意，就像讲究冬暖一样。只要心中没有一丝一毫自私的人欲，纯粹是天理良知的话，那么只要心中存有对父母尽孝的诚意，到了冬天自然会想到父母亲可能会受寒，自然会去讲究如何让父母得到温暖；夏天到了，自然会担心父母亲太热而去讲究如何使父母过得凉爽些。就像一棵大树，这虔诚孝顺的心就是树的根，许多对父母尽孝的方法与细节就是树的枝叶，必须先有了根，然后才有枝叶生长出来，而不是先去找一些枝叶来，再去种根。古书《礼记》上有一段讲孝顺的话：'凡是真正深爱父母的孝子，见到父母时脸上的气色一定平和；气色平和的人，一定有喜悦的感情流露；一个人流露着喜悦的感情，一定会有委婉的笑容，父母如果能经常从子女脸上见到这种笑容，那比得到任何物质上的享受还要高兴。'就是这个道理。"

2. 爱问："今人尽有知父当孝、兄当弟者，却不能孝、不能弟，知、行分明是两件。"曰："此已被私欲间断，不是知行本体[1]。未有知而不行者，知而不行，只是未知，圣贤教人知行，正是要复那本体，不是着你只恁的便罢。故《大学》指个真知行与人看，说'如好好色，如恶恶臭'，见好色属知，好好色属行，只见好色时，已自好了，不是见后又立个心去好；闻恶臭属知，恶恶臭属行，只闻恶臭时，已自恶了，不是闻后别立个心去恶。"爱曰："古人分知行为两，亦是要人见得分晓，一行工夫做知，一行工夫做行，则工夫始有下落。"曰："此却失了古人宗旨，仁（守仁自称）尝说知是行的主意，行是知的工夫，知是行之始，

81

行是知之成，若会得时，只说一个知，已自有行在。只说一个行，已自有知在。古人所以既说知，又说行者，只为世间有一种人，懵懵懂懂，任意去做，全不解思惟省察，只是个冥行妄作，所以必说个知，方才行得是；又有一种人茫茫荡荡，悬空去思索，全不肯着实躬行，只是个揣摩影响，所以必说一个行，方才知得真，此是古人不得已，补偏救弊的说话。今若知得宗旨，即说两个亦不妨，亦只是一个。若不会宗旨，便说一个，亦济得甚事，只是闲说话。"

【译述】徐爱问："现在世人都知道应该要孝顺父母、敬爱兄长，可是真正能做得到的人却很少，可见'知道'与'实行'是两件事情。"守仁回答道："你这种分法，是心中已经被私欲给打断了，不再是'知'与'行'的本来意思。要知道世界上没有人是能知而不能行的，像你所说的例子，知道该孝顺、该友爱，却做不到，其实并不是做不到，而只是没有明白孝友的真义罢了，只好说他们仍是不知。圣贤教人要能知能行，正是要恢复人人心中原本自有而被私欲蒙蔽了的良知本性，所以在《大学》一书中，作者就指点一个真知真行给求学者见识一下，他举的例子是说，好比我们每个人都'爱好美色，讨厌臭'，当我们看见美色的时候，心中能分辨这是美的，这是'能知'，而见到美色，心中生出爱慕的心意，做出爱慕的举动，这是一种'行为'，只是当我们见到美色，知道它是美的时候，心中同时也就已经爱慕了，不是见到美色之后，才又在心中另外起一个念头去爱慕，所以'知'与'行'其实是分不开的。还有像闻到恶臭，心中知道它是臭的，这是'能知'，而闻到恶臭，心中生出讨厌它的意思，这是一种'行为'，只是当我们闻到恶臭的时候，心中同时也就已经讨厌了，不是闻到恶臭之后，才又在心中另外起一个念头去讨厌。"徐爱说道："这样看来，古人将'知'与'行'分成两件事，其实是让人易分清，一种工夫是用在'知'的上面，一种工夫是用在'行'的上面，这样初学的人才容易有一个开始。"守仁答道："这样说法还是失去了古人立言的主旨。我曾经说过，'知'是'行'的基础，'行'是'知'的实践，'知'是'行'的开始，'行'是'知'的完成。若能体会这几句话的意思，尽管你只说一个'知'，这个'知'的里面自然就已经包含了'行'，或者只说一个'行'，也早已包含了'知'在其中。然而古人所以要先说一个'知'，又说一个'行'的原因，只是因为世界上有一种人昏昏沉沉，只知道一个人闷着头去做，而不知道对自己的所作所为做一番反省与思考的功夫，只是乱做一气，所以必须说一个'知'来提醒他，让他先去明白了道理之后才去着手实行。世界上还有一种人，整天不做事，只是凭空瞎想一通，却从来不试着去实践一下，只会乱猜一些结果，所以须先说一个'行'来警惕他，让他能真的去实践他自己所想的道理。这些都是古人为了补救世人的缺点与弊病，不得已才说的。今天我们如果能真正了解古人说这番话的用心，那么说'知'与'行'是两件事也不要紧，因为自身实际上仍然是知行合一的。如果不明白古人的苦心，那么纵然你听了我的话，知道知行该合一，可是实际上体会不到，那么尽管将我的理论记得熟又有什么用，只是当它在说闲话罢了。"

3. 澄问主一之功："如读书，则一心在读书上；接客，则一心在接客上。可以为主一乎？"曰："好色，则一心在好色上；好货，则一心在好货上。可以为主一乎？主一是专主一个天理。"

【译述】陆澄问什么才是专心一志："比方说读书的时候，就一心一意都放在读书这件事上；接待朋友的时候，就一心一意都放在接待朋友这件事上。这样可以算得上专心一志了吗？"守仁答道："那么好女色的人，一心一意放在女色身上；贪财的人一心一意放在财物上。这也可以称他是专心一志吗？所谓专心一志，是说将整个心意放在天理良知上，时时自我警惕。"

4. 问："静时亦觉意思好，才遇事便不同，如何？"曰："是徒知养静，而不用克己工夫也。人须在事上磨炼，方立得住，方能静亦定，动亦定。"

【译述】有人问道："平时没事的时候，觉得心境平和，充满了信心与理想，可是一遇到现实中的事物，就往往把持不定，不知是怎么一回事？"守仁说道："这是因为你只知道将自己的情感与志向孤立起来，以为尽量不去接触外界的事物，自然就少做少错，不做不错了。可是现实中的各种事物，往往它要来的时候，不是我们人力可以控制而使它对我们不发生影响的，这个时候，我们只有面对它，忍耐着去经历它，然后通过它。唯有多经过这些磨炼，将现实中的种种困扰与痛苦一一加以克服，我们才会真正对自身建立起信心来，这也才是使我们人真正能活下去的支撑力量。"

5. 言语无序，亦足以见心之不存。

【译述】一个人平时是否专心追求理想，可以从他日常言语中是否有条有理看得出来。

6. 圣人之所以为圣，只是此心纯乎天理，而无人欲之杂，犹精金之所以为精，但以其成色足，而无铜铅之杂也。人到纯乎天理方是圣，金到足色方是精。然圣人之才力，亦有大小不同，犹金之分两有轻重，所以为精金者，在足色而不在分两；所以为圣者，在纯乎天理，而不在才力也。学者学圣人，不过是去人欲而存天理，犹炼金而求其足色耳。后世不知作圣之本，却专去知识才能上求圣人，敝精竭力，从册子上钻研、名物上考索、形迹上比拟，知识愈广而人欲愈滋，才力愈多而天理愈蔽。正如见人有万镒精金，不务锻炼成色，而乃妄希分两，锡铅铜铁，杂然投之，分两愈增，而成色愈下，及其稍末，无复有金矣。

【译述】圣人所以为圣人，是因为他心中充满了天理，而少有自身的私欲掺杂在其中。就好比最上等的黄金，所以称它第一等，是因为它的纯度百分之百都是黄金，而没有掺杂一些铜、铅之类其他的金属在里面。所以做人一定要做到心中再也没有私念，完全大公无私，才可称为圣人。黄金一定要提炼到纯度百分之百的时候，才可以称它是最上等的精金。但是有一点我们要弄清楚，那就是圣人与圣人之间，他们的才华也有大小不同，就像好几块精金放在那里，每块的重量也有不同一样。精金之所以在所有金子中等级第一，乃是因为它的纯度而不是看它的重量；圣人在所有人中最受人敬仰，是因为他全然大公无私，而不是看他的才华。我们求学者向圣人学习，应该专心在去除私欲，呈现天理上面下功夫；就像提炼黄金的时候，一心要把它的纯度提炼得越高越好。然而我们后代的人，往往不明白追求圣人崇高理想的本意，却专门从知识、才能上去学圣人的模样，费尽了心力，或是从书本上钻研，或是从文物上考究探索，或是从圣人的一些行为上去模仿个样子。这样一天一天累积下来，知识的分量是一天比一天多了起来，可是内心的私欲也是越来越多；才能一天一天地进步，可是天理良知却越来越被蒙蔽了。正像是看见别人有万两上等精金，心中羡慕，却不知将自己的黄金提炼成上等精金，和对方比一比，而只希望重量数目和人家一样多就好了，于是将锡、铅、铜、铁等杂七杂八的金属都一起投到熔炉里和金子混在一起，以为这样一来重量就可以增加到和对方一样多了，却哪里知道，数量是一样了，可是纯度却越来越差，到最后，满炉子里都是其他金属，金子比例太少，反而看不见了。

7. 问："知譬日，欲譬云，云虽能蔽日，亦是天之一气合有的，欲亦莫非人心合有否？"曰："喜、怒、哀、惧、爱、恶、欲，谓之七情。七者俱是人心合有的，但要认得良知明白。比如日光，虽云雾四塞，太虚中色象可辨，亦是日光不灭处，不可以云能蔽日，教天不要生云。七情顺其自然之流行，皆是良知之用，但不可有所着，七情有着，俱谓之欲。然才有着时，良知亦自会觉，觉即蔽之，复其体矣。此处能看得破，方是简易透彻工夫。"

【译述】有人请问道："良知好比天上的太阳，人欲好比天空的浮云；浮云虽然会遮蔽阳光，可是到底它也是大自然中本有的，有它本身存在的价值。照这样说来，人欲虽然有时会遮蔽良知，是不是也是人心中原就具备了，而有它存在的价值呢？"守仁答道："欢喜、愤怒、哀愁、恐惧、爱慕、厌恶、欲求，是人心中七种主要的感情。这七种感情都是人心中本就具备的，但是我们最重要的却是必须先认清楚良知在人心中的地位。就用日光来做比喻吧，虽然天气不好，满天都是云雾，可是天空中的景象与色调，还是隐隐约约可以辨认，这还不都是因为日光照明的功用，并未曾完全被遮蔽掉的缘故。我们当然不能因为浮云蔽日就叫上天不要生云了；人的七种情感，顺着良知本性自然流露，原来也没有什么不好，只是我们普通人的感情往往一发就不可收拾，所以必须要有节制。情感如果对某一种事物太执着，就变成了私欲。但是才一执着的时候，内心的良知本能地就会提醒自己注意，如果这时能有魄力，赶快下决心来调整过度的情感，自然就能将心思回复到原来大公无私的天理上面来了。能够深切体悟到这一层的时候，才是真正有了入手的地方了。"

8. 有言："童子不能格物②，只教以洒扫应对。"曰："洒扫应对就是物，童子良知只到此，只教去洒扫应对，便是致他这一点良知。又如童子知畏先生长者，此亦是他良知处。故虽遨嬉，见了先生长者，便去作揖恭敬，是他能格物以致敬师长之良知。我这里格物，自童子以至圣人，皆是此等工夫，但圣人格物，便更熟得些子，不消费力。"

【译述】有人说道："小孩子年纪小，不能够研究事物的道理，所以只好教他去做一些洒水、扫地的事以及和人打招呼的礼貌。"守仁听到之后告诉他："洒水、扫地以及熟人相见问好，这些就是道理，小孩子的良知本性，因为年岁还小还没有完全发挥出来，只教他去做洒水、扫地的事，便是让他尽他心中这一点良知的意思。又好比小孩子知道要尊敬老师和长辈，这也就是他的良知呈现出来了。所以当他在玩耍游戏的时候，见到有老师或长辈走过来，也会跑过去鞠躬问好，这就表示他也能明白这些事情的道理，发挥他尊敬师长的良知本性了。我在这里讲学，教人研究事物的道理，不论是小孩或圣贤，都是这样说法，只不过圣人研究事理的时候，因为用功已久，便感觉容易得多，不用费多大心力，不像小孩子初学，便必须下苦功、勤努力，才能有收获。"

【注释】

① 一切意念行为的表现是现象，而现象则出于一个主宰和根源，这就是"本体"。阳明所谓的本体是"良知"。

② 格物：语出《大学》。阳明训"格"为正，"物"为事，认为意念所在便是事物，良知在意念所在的事物中好善恶恶，使意念事物都呈现正面价值，就是格物。但在阳明以前，朱熹则把"格物"解释作穷究事物的道理，与阳明不同。

第六章

浙中学案

徐 爱

前一章我们介绍了明学的代表人物王守仁，现在我们再来介绍他的及门弟子中几位出色的人物。徐爱，字曰仁，号横山，浙江余姚人，生于明宪宗成化二十三年（1487年），与王守仁同乡，在其众多弟子中，最先拜师执弟子礼的就是徐爱。武宗正德三年，徐爱二十二岁，中进士，授任祁州知州。自此开始正式接受王守仁的教导，当他听到老师主张"知行合一"的学说时，因为与前代求学者所说有出入，惊愕不定。没了入手处，后来渐渐听得熟了，才慢慢知道做学问应当返身实践。

徐爱二十六岁升任南京工部员外郎，与老师王守仁同舟返乡，舟中向老师请教《大学》一书的宗旨，听了之后，淋漓痛快，本来胸中混沌难解的疑难，一旦豁然开朗，接连几天，高兴得如痴如狂，暗思尧、舜、禹、汤至孔、孟以下，历代先圣先贤所说的道理，尽管文字表面上不同，但是他们的宗旨却都是一样的，从此深信阳明之学乃是孔门一脉嫡传，除此之外，皆旁蹊小径，断港绝河。

三十岁时回家乡省亲，第二年因病去世，终年仅三十一岁。

当年孔门弟子中，以颜渊体道最深，最受夫子称美，可惜不幸短命而死。徐爱于阳明众弟子中，不但拜师最早，而且亦最能领悟师门真传，与老师同时在朝为官，朝夕不离，同学中有许多人对阳明之教疑信参半，徐爱常为他们解释沟通，使得门人之间彼此更加亲近。阳明曾经说："曰仁真是我的颜渊啊！"徐爱曾经游历南岳衡山，梦见一位老僧拍着他的背，叹道："你的德性淳厚，可以比美于颜渊，但是你的寿命也将与颜渊一样短暂。"徐爱去世时，阳明正在江西，听到噩耗，哭泣甚哀。徐爱虽然去世了，阳明还常常在讲学时想念起他。师生相互讨论学问，遇到道理深刻，不能契会时，阳明就常说道："这个观念我曾经与曰仁说过，近年来则很少能跟人说得通了。"一天上完课后，阳明一边绕着讲坛旁边的柱子走，一边叹道："要是能使曰仁从九泉之下复生，一同在此听讲，那该有多好啊！"于是率领着同学一起到徐爱墓前，洒酒祭告而返。

其实不独老师对学生如此钟爱，徐爱对老师也是死心塌地，信心十足。前面我们说过，阳明曾经因得罪刘瑾，被贬到贵州龙场，沿途刘瑾又派人加害，幸好阳明机警，假装投水自尽，那时传闻阳明已死，家人都又着急又难过，只有徐爱肯定地说："老师必定未死！上天生下先生，是要倡继千古相传的大道绝学，怎么能够就这样不明不白地死了呢？"后来果然证明阳明并没有死。

王门学问主旨，前期大致上以教人收敛身心为主，所以平常总是教人静坐澄心。后来则专门提出"致良知"三个字，教人随时随地将人心中原本具有的善念发挥出来，及于每一样事物，就自然合于天理正道，没有差失了。徐爱英年早逝，所得师门教诲，都是阳明早期思想，对于"致良知"的理论不曾听过，可是在徐爱所记载的师生对话集《传习录》里面，有一段提到阳明说过的话："知是心的本体，心自然会知；见到父亲自然知道应该孝顺，见到兄长自然知道应该尊敬，见到有小孩将要掉入井里去时，自然会生出上前救助的心情，这种知道应该怎样去做的本能，就是每一个人天生的良知了，只要使这个良知扩充发挥出来，便是致良知。"由此看来，"致良知"并不是在后期才提出来的，而是到了后期特别注重教人"致良知"罢了。所以阳明的学问，徐爱实得其真传。

以下将徐爱《文集》摘录一段：

《文集》

学者大患在于好名，今之称好名者，类举富贵夸耀以为言，抑末矣。凡其意有为而为，虽其迹在孝弟忠信礼义，犹其好名也，犹其私也。古之学者，其立心之始，即务去此，而以全吾性命之理为心，当其无事，以勿忘勿助而养吾公平正大之体，勿先事落此蹊径，故谓之存养；及其感应而察识其有无，故谓之省察，察知其有此而务决去之，勿苦其难，故谓之克治，专事乎此而不以息心间之，故谓之不息，去之尽而纯，故谓之天德，推之纯而达，故谓之王道。

【译述】读书人最大的毛病就是好名，可是现在一般人都以为好名就是指说大话或显耀自己的财富名位，其实这只是表面而已。对求道的人来说，虽然你的行为孝顺父母、友爱兄弟，甚至是合乎忠信礼义的好事，但是只要你在做这些事的时候，心中存着"我在做好事"这样的念头，那仍然是一种"好名"，仍是一种自私。所以从前的求学者，在一开始下决心求道的时候，就务必要革除心中这种自私的念头，平常没事的时候，心中就要保持平静，培养心中的公正念头，不要起恶念，这种功夫叫作"存养"；等到与外界接触，起了念头要做什么事之前，一定先反省这个念头有没有私意，这种功夫叫作"省察"；当反省到念头中果然有私意时，努力加以去除，不要怕难，这种功夫称作"克治"；一生都这样努力不断地去除私意，培养善念，不肯懈怠，就称作"自强不息"；等到有一天，私意都去除干净，满心都是纯然善念时，就称这个人的德行与天相合，叫作"天德"；凭着这种大公无私的胸怀，做救人救世的事业，就叫作"王道"。

钱德洪

钱德洪，本名宽，字才叫作德洪，后来因为大家都只称他的字，渐渐本名反而很少有人知道了，于是就以字当名，而另外再取了一个字叫洪甫。他是浙江余姚人，与老师王阳明先生同乡。阳明平定宁王朱宸濠的乱事之后，回到家乡，德洪与数十位年轻人一同来拜先生为师。此时四方来向阳明问道的学者非常多，阳明有时候应接不暇，就指派德洪和王龙溪先生（下一位就会介绍）两名大弟子，将师门学问的宗旨大要，先为求学者做一番介绍，之后再由阳明亲自指点，于是一时之间，求学者都称德洪与王龙溪为"教授师"。阳明出征思、田的时候，德洪与龙溪在家乡的书院中留守。嘉靖五年（1526年）与龙溪皆中进士，七年，正在等着最后一关殿试，忽然传来恩师去世的消息，于是也不等皇帝的召见，就与龙溪一同奔丧到贵溪。门人弟子聚在一起商量该如何办理丧事，德洪说道："恩师在半路上去世，没有家人或亲属在此主理丧事，做弟子的原本应当代替恩师的子孙戴孝尽礼，只是我自己的父母还在，不能披麻戴孝。"龙溪在一旁说："我没有尊亲，可以服丧。"于是使丧礼得以顺利进行，丧事完毕之后，又与龙溪在恩师墓旁筑屋而居，以尽心中的哀伤与思念之情。

嘉靖十一年（1532年），德洪三十七岁，才与龙溪一起通过了殿试，被任命到刑部（司法部）任职。有一天皇帝明世宗朱厚熜夜游西山，召见宠臣武定侯郭勋一同前往，但是郭勋竟因事没有来。由于郭勋平日恃宠而骄，横行不法，举朝官员都恨他入骨，这时正好利用他违旨不到的机会，一位名叫高时的官员出头检举，由锦衣卫逮捕下狱，加以侦讯，然后转送刑部，案子正好分派给德洪处理，此时朝廷中的官员都想要判郭勋一个图谋不轨的大罪名，但是德洪还是依法论罪，虽然仍被判处死，但是却不中大臣们的心意。而事实上，世宗对郭勋仍然宠信，只是因为郭勋有时做得太过分了，正好这次利用机会吓他一下，目的只是要他收敛一点，并不是真的要把他处死。所以德洪办好了公文送给皇帝批示的时候，世宗竟然按着不批。而这时候百官也感觉到皇帝的心思，生怕郭勋一旦不死，出狱之后要找他们报仇，于是就想办法陷害德洪，要让他当替死鬼，检举他不明法律，乱判郭勋死刑，世宗也就借此机会下台，宣称所以一直不批准处决郭勋的公文，就是因为查出德洪是在故意陷害郭勋。于是他就在这些宫廷的狡诈阴谋中，被一群小人给陷害了。德洪步郭勋的后尘给关入特务机关后，并没有失去信心，他在狱中为狱友们讲解《易经》，以此度日。直到后来郭勋死了，他才被放出来。从此他努力从事学术研究，并且到四方讲学，直到七十岁才定居下来，不再远游。

明神宗万历二年（1574年）去世，享年七十九岁。

阳明门人中以徐爱受业最早，但英年早逝，于是德洪与王龙溪二人遂称王门大弟子，阳明之学后来流传华夏、影响深远，当以此二位先生居功最大。

现摘录德洪部分著作于后：

《会语》

1. 思虑是人心生机，无一息可停，但此心主宰常定，思虑所发，自有条理；造化只是主宰常定，故四时日月往来，自不纷乱。

【译述】人心会思虑，正表示人心是活泼而有生气的，所以片刻都不能停止，我们只要心中有笃定的生命的价值标准，在思想考虑事物的时候，自然能够有正确的选择与决定了；就好像宇宙之间有一定的天文物理定律，所以春夏秋冬四季的变换及日月星辰的运行，都有一定的时间和一定的轨道，不会纷乱了一样。

2. 圣人于纷纭交错之中，而指其不动之真体，良知是也。是知也，虽万感纷纭，而是非不昧；虽众欲交错，而清明在躬。至变而无方，至神而无迹者，良知之体也。太虚之中，无物不有，而无一物之住，其有住，则即为太虚之碍矣；人心感应，无时不有，而无一时之住，其有住，则即为太虚之障矣，故忿懥好乐，恐惧忧患，一着于有，心即不得其正矣！故正心之功，不在他求，只在诚意之中，体当本体明澈，止于至善而已矣！

【译述】圣人在纷纭的各种现实事物之中，能够始终保持身心的平静清明，只是因为心中有一个主宰，而这个主宰就是人的良知。人因为有了良知，才能在复杂的事理中，分辨是非；能够在众多欲望的刺激中，保持清醒，不被诱惑。这良知的本体，我们看不见、摸不着，可是却能觉察到它妙用无穷。宇宙中包容了万物，可是因为它广大无边，所以任何一样事物都不会受到限制，如果有了限制，宇宙就不再是广大无边的了。人心中也无时无刻没有事物在感应着，但是却也要像宇宙包容万物而无碍一样，不可以被事物牵缠，因为心灵一旦被事物牵缠住了，其活泼生气、良知本能就都将失去作用。所以愤怒、喜乐、恐惧、忧患这些情感，它本来是人心中自有的，没有什么不好，可是如果我们没有节制，让它发挥流露得过度，在心中滞留得太久，反而会伤害到我们的身心，造成更大的痛苦。而要能节制情感的发泄，不使它过度，主要在于时时存着一颗虔诚的心，去体会良知在内心中给我们的种种指示，一直到尽善尽美，彻底解决的地步。

3.只求不拂良知，于人情自然通得；若只求不拂人情，便是徇人忘己。

【译述】只要能够做到不违背心中良知的呼唤，对于一般的人情世故，自然都能了解并处理它；如果不管良知，而只是一心想不得罪人，那是谄媚别人，忘了自己做人的原则了。

4. 问："感人不动如何？"曰："才说感人便不是了，圣贤只是正己而物自正，譬如太阳无蔽，容光自能照物，非是屑屑寻物来照！"

【译述】有人问道："有些时候，当我们去感化他人不成的时候，该怎么办才好？"德洪说道："你心中一开始就存了要去感化别人的念头，就不对了。其实圣贤们只是注意自身德行的培养，只要自身的生命能够得到完美而彻底的解决，那么在这个努力奋斗的过程中，种种刻苦耐劳，为理想追求到底的精神，自然能令看到的人感动，而兴起同样追求的愿望，哪里用得着刻意去找别人来感化他呢。这就好像天上的太阳没有被云遮住的时候，凡是世界上能够反射光线的物体，都被照射而显现出形体来，那太阳又何曾不嫌麻烦地主动去找东西来让它的光照耀呢？"

5. 问："致知存乎心悟？"曰："灵通妙觉，不离于人伦事物之中，在人实体而得之耳，是之谓心悟。世之学者，谓斯道神奇秘密，藏机隐窍，使人渺茫恍惚，无入头处，固非真性之悟。若一闻良知，遂影响承受，不思极深研几，以究透真体，是又得为心悟乎？"

【译述】有人问："要发挥良知的作用，是不是必须靠人内心的领悟？"德洪答道："要对自己心中的良知有真正的觉悟，跟日常生活中种种事情是分不开的，必须从每一件遭遇的事情上去磨炼、去反省，才会真正有心得。这才是真的领悟。但是现在的求学者，故意把良知说成有多么神秘，其中蕴涵着多么深奥玄妙的关键，使人感觉迷迷糊糊的，找不着开始努力的第一步路了，这种情形，当然谈不上真正的领悟。至于说有另外一种人，一听到良知的道理，就马上以为懂得了，并且深信不疑，整天就自以为他已经得道了，已经受到良知的影响，在品德上有多么进步了，却是从来不曾深刻地去仔细反省磨炼一下，这种情形自然不算真正有所领悟。"

6. 毋求诸已放之心，求诸心之未放焉尔已。夫心之体，性也；性不可离，又恶得而放也？放之云者，驰于物焉已尔！

【译述】如果心中因为一时懈怠，放松了自我警惕，而失了心意做了错事，那么不用再为已经过去了的事情懊悔。相反，应该将悔恨的心情，转过来用在以后的追求上，把握未来，不要再犯同样的错误。我们能思考反省的良心，它的本质就是我们每一个人天赋的人性，这人性是一天也离不开的，因为一失去了人性就不是人了，所以说心是不会失去的，所谓失了心意的意思，只是说我们心中的念头，不专注在正经事情上面，而注意到外界一些不重要的无聊事，甚至邪恶的坏事上面去了。

《论学书》

1. 或谓吾党于学，未免落空。初若未以为然，细自磨勘，始知自惧。日来论本体处，说得十分清脱，及征之行事，疏略处甚多，此便是学问落空处。譬之草木，生意在中，发在枝干上，是自可见。

【译述】有人认为我们做学问，往往不着边际，只是会空口讲些大道理罢了。起初听了自认为哪会如此糟糕，可是等到慢慢仔细反省之后，才发觉真的是这样，于是心中不由得失去了信心。就像我们最近讨论学问的时候，对于人性的根本道理，说得又多又完备，可是反省一下自己生活中的种种行为处事，发觉做不到的地方竟然有一大堆，这就难怪人家会批评我们空口说大话了啊！好像草木的种子充满了生长的潜能，可是你从外表看不出来，你能够知道它的生命活力，全要从它每天不断新生的枝干及茂密的树叶上，才看得出来。

2. 人生与世情相感，如鱼游于水，随处逼塞，更无空隙处；波荡亦从自心起，此心无所牵累，虽日与人情事变相接，真如自在，顺应无滞，更无波荡可动，所谓动亦定，静亦定也！若此心不免留恋物情，虽兀坐虚斋，不露风线，而百念自来熬煎，无容逃避。今之学者才遇事来，便苦搅扰，便思静处，及到静处，胸中搅扰犹昔，此正不思动与不动只在自心，不在事上拣择；致知格物工夫，只须于事上识取，本心乃见。心事非二，内外两忘，非离却事物，又有学问可言也。

【译述】人活在世上，一辈子都受到人情世故的包围，就好像水中的游鱼，终生都要被水逼塞着一般。虽然受到人情世故如此包围，可是心中是否会受到干扰，却全看自己的修养功夫如何了。只要自己心中把持得住，虽然每天与人情世故接触，自己内心中的良知能够充分发挥它的作用，自然就能从容应付了。这就是所谓不管有事还是没事的时候，都能安然处之的意思。因为如果自己心中对现实有所牵挂，那么即使一个人独坐在屋中，关上门窗，外界事物都碰不到你，可是你心中千万种现实的念头却关它不住、挡它不掉，全会一齐涌上心头跟你纠缠，使你遭受煎熬，无法逃避。如今求学者们一遇到有事，就觉得厌烦，想找个安静的地方躲开算了，可是就算找到了可以隐居的地点，令他烦扰的事却依然缠绕在胸中，挥之不去。这种毛病是因为他们不知道反省这些烦恼，只是因自己心中没有一个自我主宰的力量，而不是那些现实事物本身所造成的。选择研究事物道理的方法，必须要从事情上多磨炼学习。良知本性自己反省就能觉悟得到，良知所含的道理与外在事物是分不开的。所以要教我们不要太去强调哪个是内心的，哪个是外在的，并不是要我们对任何事物都躲了开去，而是要多去学习，多去实践，才能获得真理。

3.觉即是善，不觉即是利，鸡鸣而醒，目即见物，耳即听物，心思即思物，无人不然，但主宰不精，恍惚因应，若有若无，故遇触即动，物过即留，虽已觉醒，犹为梦画。见性之人，真机明察，一醒即觉，少过不及，觉早反亟，明透之人，无醒无觉，天则自着，故耳目聪明，心思睿知，于遇无触，于物无滞。

【译述】能够觉悟生命的人，即具备上进的可能；而不能觉悟的人，多半终生会被现实中的利害纠缠着，不能解脱。我们平常清晨鸡鸣而醒，眼睛就能看见东西，耳朵就能听见声音，心中的思考就能想事情，每一个人都是如此，但是因为刚醒过来，精神上还迷迷糊糊的，所以不管是看、是听，还是想事情，也都是茫茫然若有若无的样子，不能十分清楚。而我们一生对生命的追求，对道理的研究，就很像早上刚起床的人一样，一辈子就都昏昏沉沉地过去了，遇到有困难的时候，就慌慌张张，不知所措，虽然人是活着，可是就好像在做白日梦。然而真正洞察人性的本质，自觉到良知本性无穷妙用的人，一睁眼就清醒了，很少有逾越了道理正当本分的时候；至于那些清醒已久，对生命彻底了悟的人，根本连醒与不醒、觉与不觉的分别都没有了，完全恰合自然，所以见理明白，智慧圆融，处理困难事情时，都能完美地解决。

4.师在越时，同门有用功恳切而泥于旧见，郁而不化，师时出一险语以激之，如投水石于烈焰之中，一时解化，纤滓不留，此亦千古之大快也！听者于此等处，多好传诵，而不究其发言之端，故圣人立教，只指揭学问大端，使人自证自悟，不欲以峻言隐韵，立偏胜之剂，以快一时听闻，防其后之足以杀人也。

【译述】先师王阳明先生在浙江的时候，同门师兄弟里面，有人用功非常勤苦，可是却被旧时某些错误的学说困扰着，不能解开心中的结。先师往往利用恰当的机会，故意讲一两句通透明快的言语，来激发他，就好像冰晶遇到烈火，刹那就消失无踪不再留下任何痕迹一样，心中纠缠已久的结，一时都被解了开来。这种事情，自然足以令人感到非常痛快，听到的人也都喜欢记诵这些痛快淋漓、通透人心的话，到处宣扬，可是他们却忘记去仔细想想，老师起初要说这些话的目的，到头来只是背得一些言语罢了。所以圣人立言，教导学生，有时只指点一个入门的重点，然后就要靠学生自身去实践体验，让他自己慢慢有所领悟，产生心得，而不愿意说些精彩好听的话，让人只是听的时候痛快一阵子就算了，主要用意就是要防止将来这些话反而害了听讲的人。

王　畿

　　王畿，字汝中，别号龙溪，浙江山阴人，性格豪迈放荡，不拘小节。二十二岁乡试及格。二十六岁参加礼部（教育部）考试，落榜之后叹道："求学最重要的是自己心中真的要有所得，看来过去我只不过是学到了一些知识而已！"于是，返乡拜到王阳明先生门下。王畿对老师的学理都能毫无阻碍地领会，所以阳明非常高兴，特别为他空出一间清爽安静的房间，可以好好用功。

　　嘉靖五年（1526 年），王畿二十九岁，又到了会考的考期，这回王畿由于在阳明门下浸润已久，自认已得老师真传，觉得世间功名都不再能满足自己，有点不屑参加考试，阳明这时对他说："我不会因为你考中了一个功名就感到特别光荣，只不过我的学说，目前在人们心目中总是半信半疑，你现在如果能上京城参加考试，正好可以利用这个机会，将我的学说解释传播给各地上京应考的学子。"王畿听了这番话之后，才决定与钱德洪先生一同上京去考试。这回两位都上了榜，可是由于当权者都不注重学问，看轻读书人，王畿于是对钱德洪说："这种时代，又岂是你我这种人应该出来做事的时候！"于是都不等殿试就回家乡去了。

阳明学生日渐增多，常派王畿与钱德洪当助教，他此时为人已经变得和气委婉，门人之间，受这位大师兄的教诲，都能和睦相处。阳明去世之后，他与钱德洪负起传播老师学说的任务，四十几年间，讲学四方，各地都有讲堂，皆以王畿为王学宗传。一直到八十岁的时候，还能到处游历讲学。直到明神宗万历十一年（1583 年）方才去世，享年八十六岁。

现摘要王畿著作于后：

《语录》

1. 圣人所以为圣，精神命脉全体内用，不求知于人，故常常自见己过，不自满假，日进于无疆；乡愿惟以媚世为心，全体精神尽从外面照管，故自以为是，而不可与入尧、舜之道。

【译述】圣人所以能够成为圣人，主要是因为在追求生命的过程中，他们将全部的精力都专注在自身内在智慧的培育上，不求虚名，所以能够时常发觉自己的错误而加以改正，不会自以为是，所以一天天进步，终于有了极大的成就。相貌似乎忠厚老实，而实际行为却十分卑鄙的乡愿，永远以追求时髦、迎合世俗的观点为自身行为的准则，全部时间和精力都用在追求功名利禄上面去了，所以没有是非和道德的观念，总以为自己非常了不起，不肯虚心学习，所以永远不能有真正的成就。

2."致良知"只是虚心应物，使人人各得尽其情，能刚能柔，触机而应，迎刃而解，如明镜当空，妍媸自辨，方是经纶手段。才有些子才智伎俩，与之相形，自己光明反为所蔽。

【译述】要想发挥自己内心的良知本性，必须做到待人接物，完全依凭天理，而不掺杂一丝一毫自身的私欲。假如每一个人处理事情的时候，都能做得恰到好处，合乎自然的本性，在该刚强的时候能刚强，该柔弱的时候能柔弱，随着时机与客观条件的变化，谨慎地去做，自己的心就好像高挂在空中的明镜一样，能够分辨世间一切善恶美丑，这才是处理大事、担当大任的人应有的修养。如果处理事情时，只会耍些小心机，用些小手段，那自己内心的良知反而被蒙蔽了。

3.古者教人，只言藏修游息，未尝专说闭关静坐，若日日应感，时时收摄，精神和畅充周，不动于欲，便与静坐一般，若以现在感应不得力，必待闭关静坐，养成无欲之体，始为了手，不惟蹉跎现在工夫，未免喜静厌动，与世间已无交涉，如何复经得世？

【译述】从前圣贤教人，只说要道德谨严必须彻底将现实中的欲望舍除，并没有教人整天关起门来闭目静坐，躲开整个世界的意思。如果心灵每天与事物接触，并随时能够反省思考，一切顺着天理去做，保持精神上的平静与充沛的活力，不要牵涉自身的私欲，那么所得到的效果，跟静坐所想要达成的也没有什么不同。如果说现在与事物接触就会牵动自身的欲望，一定要闭门静坐，才能眼不见心不烦，那么只会浪费现在的大好光阴，并且还不免养成一种喜静厌动的习惯，并且与人间毫不相干了，哪还谈得上贡献社会与人类一分力量。

4.立志不真，故用功未免间断，须从本原上彻底理会，种种嗜好，种种贪着，种种奇特技能，种种凡心习态，全体斩断，令干干净净，从混沌中立根基，始为本来生生真命脉，此志既真，工夫方有商量处。

【译述】当初立志的时候，或因下的决心不够，或因对于理想认识不清，所以在后来用功时，常常会懈怠，这种弊病必须从根本心态上彻底反省，将日常生活中各种会浪费时间的嗜好、贪欲、无益于身心的奇异才能或特技，以及各种世俗的习惯与观点，全部铲除得干干净净，然后从人最基本的良知本性上立定脚步，好好踏出第一步，这才是生生不息地追求理想的根源。这点做得到，用功才能有落实的地方。

5.先师讲学山中，一人资性警敏，先生漫然视之，屡问而不答；一人不顾非毁，见恶于乡党，先师与之语，竟日忘倦。某疑而问焉。先师曰："某也，资虽警敏，世情机心，不肯放舍，使不闻学，犹有败露悔改之时，若又使之有闻，见解愈多，趋避愈巧，覆藏愈密，一切圆融智虑，为恶不可复悛矣！某也，原是有力量之人，一时狂心销遏不下，今既知悔，移此力量为善，何事不办，此待两人所以异也。"

【译述】先师阳明先生当年在山中讲学，听讲的学生之中，有一人天资机警聪敏，然而先生却对他有点冷淡，经常是这个人问了十句，而先生回答他不到一句；还有一位学生，个性刚强，完全不管别人对他的批评和毁谤，因而在家乡得不到亲友邻居的谅解，可是先生却经常和他谈论，并且一谈就是一整天，丝毫不觉疲倦。我曾经感到奇怪，而问先生是什么原因，先生回答道："第一个人虽然天资机警聪敏，可是既然到我这里来学习追求生命大道的学问，那么一切世俗的观念和现实中钩心斗角的心机就该收敛起来才对，可是他却仍然放不下。这样一来，我如果不教他什么知识与道理，那么他也只不过是个世俗的普通人罢了，还有他不学无术的弱点，既有弱点，就有露出马脚的时候，这时或许他还能有羞耻之心，有加以悔改的机会。如果他不肯舍弃心机，我又教给他道理，那么学问见解愈多，不但对他没好处，反而使他做坏事的时候，有了许多似是而非的借口，学问越多，为害越大，将再也没有人能够制得住他。所以我才故意不理他，只望他能反省到我的用心，先把心灵洗干净，再来谈学问。第二个人就不同了，他本是一个有毅力的人，只是一时间刚强偏激的心平复不下来，现在既已悔改，到我门下来求学，将他坚忍不拔的力量与信心用在追求生命理想的路途上，那又还有什么困难呢？所以我非常愿意教他。这也就是我对两人不同的原因了。"

6. 念庵谓世间无有现成良知，非万死工夫，断不能生。以此较勘虚见附和之辈，未为不可；若必以现在良知与尧、舜不同，必待工夫修证，而后可得，则未免矫枉之过。

【译述】罗念庵认为世界上没有人是天生就能够将良知充分发挥的，必定要经历千辛万苦，一辈子努力精进才能做到。我以为这种观点，如果是用来警惕一般没有主见，只会听了一些道理之后，就随便乱说一通，喜爱夸口的人，倒还可以，但若认定每个人目前所具有的良知与圣贤不同，一定要经过修炼印证之后才算是发挥了良知的大用，那可未免有点太苛求了。

7. 先师自云："吾龙场以前，称之者十之九；鸿胪以前，称之者十之五，议之者十之五；鸿胪以后，议之者十之九矣。学愈真切，则人愈见其有过。前之称者，乃其包藏掩饰，人故不得而见也。"

【译述】先师阳明先生曾经说："我这一生中，被放逐到贵州龙场以前，认识的朋友里，十个人有九个都称赞我；等到后来我被召回南京后，十个人里面就只有五个人称赞我，其他五个人开始批评起来了。又过了几年，等到不在南京做官的时候，变为十个人中九个都在批评我的不是了。这是因为我的学问一天天进步，内心一天天变得真诚无瑕，于是一有过失就容易被人看出来。而从前之所以会有那么多人赞美我的长处，只是因为过去我的心中充满了虚伪，有了良心上过不去的念头或行为，就故意去把它给掩饰起来，不让人家知道，于是别人就只看得见我的长处。其实从前的种种虚伪，又哪能跟今天的真诚相比呢。只是一般人都只注重表面，而忽略了内心的真实罢了。"

8. 常念天下无非，省多少忿戾。

【译述】如果能够体谅世人包括自己在内，都具有各种人性的弱点，难免会犯一些错误，那么当遇到不平的事或遭遇到困难与挫折的时候，心中或许就不会太愤愤不平了。

9. 父子兄弟不责善，全得恩义行其中，如此方是曲成之学。

【译述】父子兄弟本来是最亲近的一家人，所以彼此之间发现对方有过错时，最好尽量包容原谅，不要直接指责他的过错，因为那是最容易伤了亲情的事。如果能够做到这样，不伤和气，使得彼此恩义得以保全，宁可自己委屈一点，那才是真正有修养功夫的人。

10.一友用功，恐助长落第二义。答云："真实用功，落第二义亦不妨。"

【译述】有一位朋友非常用功，却又担心太用功了，反而有害处，恐怕不是第一流讲法。王畿回答道："只要你扪心自问，真的像你所想的那样用功的话，就算不是第一流又有什么关系呢？做学问主要是对自身负责，真有心得才算数，平常人所分的第一流、第二流又去理它做什么。"

11.知者心之本体，所谓是非之心，人皆有之；是非本明，不须假借，随感而应，莫非自然。圣贤之学，惟自信得及，是是非非，不从外来，故自信而是，断然必行，虽遁世不见是而无闷；自信而非，断然必不行，虽行一不义，杀一不辜，而得天下不为，如此方是毋自欺，方谓之王道，何等简易直截！后世学者，不能自信，未免倚靠于外，动于荣辱，则以毁誉为是非，惕于利害，则以得失为是非，掺和假借，转折安排，益见繁难，到底只成就得霸者伎俩，而圣贤易简之学，不复可见。

【译述】能够自觉反省，这种能力就是心的本质。辨别是非的能力，人人都有，是非善恶的标准，原本是清清楚楚不必多说的，顺其自然，遇到事时，自然能用得上。圣贤们的学问，主要就是他们真正对自身具有充分的信心，相信自己良知所做的判断，一切是非善恶的价值标准，全从内心良知发展出来，不管外在世俗的观点是如何说的。所以当他自信这件事是对的时，他就必定会彻底追求下去，纵使这样做会遭到种种挫折与痛苦，甚至从此一辈子默默无闻；相反，如果他的良知告诉他某件事是错误的，那么他就一定不去做，即使只要他做一件违背正义的事，杀一个无辜的人，就可以拥有掌握世界的权柄，他也不肯去做；必须要做到这种地步，才是没有自欺欺人，才是正大光明的行为。这又是多么干净利落，直截了当的事啊！然而后来的求学者们，往往自身努力不够彻底，信心与智慧都不完备，难免受世俗的价值标准的影响。于是在荣辱关头，就以我这样做了之后别人对我是赞美还是批评来作为判断是非的标准，而不管事情的真正对错，或者我这样做究竟合不合于道义；计较利害的时候，就以我这样做了之后，到底是得了好处还是得不到好处，来作为判断是非的标准。于是一会儿到处找借口，一会儿又动用起心机来了，最后顶多只是个阴谋多端的奸雄罢了。而圣贤直截了当，通透人心的学问，从此都不容易见到了。

12. 耿楚侗曰："阳明拈出'良知'二字，固是千古学脉，亦是时节因缘。春秋之时，功利习炽，天下四分五裂，人心大坏，不复知有一体之义，故孔子提出个'仁'字，唤醒人心，求仁便是孔氏学脉；到孟子时，杨、墨之道塞天下，人心戕贼，不得不严为之防，故孟子复提出'义'，非义则仁无由达，集义，便是孟氏学脉；晋、梁而下，佛、老之教淫于中国，礼法荡然，故濂溪欲追复古'礼'，横渠汲汲以'礼'为教，执礼，便是宋儒学脉；礼非外饰，人心之条理也，流传既久，渐入支离，心理分为两事，故阳明提出'良知'，以觉天下，使知物理不外于吾心，致知，便是今日学脉，皆是因时立教。"先生曰："良知是人身灵气，医家以手足痿痹为不仁，盖言灵气有所不贯也，故知之充满处即是仁，知之断制处即是义，知之节文处即是礼，说个'仁'字，沿习既久，一时未易觉悟，说个'良知'，一念自反，当下便有归着，尤为简易。"

【译述】耿楚侗说道："王阳明先生提出'良知'这个观念，作为他整个学问的主要宗旨，一方面固然指出了圣贤千古相传的根本意图，但是同时也是受时代的影响，针对学术的流弊才提出这个主张的。起初在春秋时代，天下为诸侯所割据，四分五裂，社会上到处弥漫着贪欲好名的风气，人心大都受到不良影响，不再知道人生命中种种崇高的价值与理想，于是孔子在这个时候提出了他一生学问的宗旨——'仁'，希望能唤醒一心沉迷于外在利害的人心，所以'求仁'便是孔子学问的重心；后来到了孟子活着的时代，杨朱与墨子两家的学说广泛地流行于社会，虽然他们的理论也有可取之处，可是如果从个人生命理想的上扬和现实人生的实际规划上看来，仍然不如儒家学说的完备，领悟力高的人，或许还可以从他们的学说里面截长补短，能力稍差的人，就难免误入歧途，坏了本性，于是孟子又提出一个'义'的观念，确实指出在人性里面，作为思想行为标准的道德原则，因为不透过人对自身这种力量的自觉和把握，则将永远达不到孔子那种美学精神与自然宇宙大结合之真正'人'的可能。所以随时培养与发挥这种内在的精神力量，是孟子一生学问的宗旨；又过了很久，到了晋代和南北朝，中国遭逢许多大的动乱，兵连祸结，人生苦难深重，于是佛家与道家的世俗宗教部分，开始在民间流行，渐渐形成一种普遍流传于人心中的悲观和逃世的思想，人性中那种刻苦忍耐、艰苦奋斗的情操，逐渐消失不见了，人们开始任情放纵，而不顾世间的礼法规范，所以到了宋朝统一天下，大儒周濂溪出来讲学，首先就要提倡恢复古代的礼法，让散漫已久的人心先有一个安身立命的基础；又等到宋朝另一位大儒张横渠兴起之后，更是以人伦之间相互接触时应有的礼法作为教学的主要内容。这主要是因为现实中人文环境越来越复杂，人的心地越来越狭小、琐碎，从前孔孟那种大胸襟、大气魄的纯朴人性似乎已经难以见到了，为了要让人在现实无数的纠缠与折磨中，还能够好好地活下去，于是特别强调人与人之间互相交际应对进退时应该遵守的分寸与法度。所以执守礼法不敢违背，是宋代儒家学者的基本宗旨；但是宋代儒家所讲的礼法，也不仅仅是一些空洞的道理与条目，它的背后自然也有它能够成立的根本精神。那就是人还是要有能够冷静思考、分辨是非的理性能力，透过理性的分析与思考，然后才能将现实中复杂多端的各种事物，加以分类和做出价值判断。可是到了后来，这种'礼法'的教训也因为流传久了之后，变成一些虚伪的条文，人们谈到礼法的时候，往往将自己和道理本身分开，成为懂得礼法的读书人，自己的私生活却不能见人，整天教给学生的都是从前圣贤的道理，可是自身实际上却没有一点值得尊敬的德行。所以就在这种情况之下，王守仁先生出来，直截了当地说出'良知'二字！就是要打破这一切虚伪、散漫、怠惰、自欺而不切生命实际的现象，让天下人都能自觉到一切事物的道理就在我们内心中，只要能尽量发挥这种能力，不要自欺，就能逼近生命的真实了。所以扩充发挥良知本性，是现在做学问的宗旨。由此可见这些历代伟人们的教训，实在都有其之所以产生的时代背景的啊！"王畿听了之后说道："人有良知这种本性，是人能成为万物之灵的根本原因。医学上说人的手脚不能动，叫作麻木'不仁'，就是说这个人的良知本性不充沛，只要良知本性充沛，运行无间，就是一个真正的'人'了！依据良知本性所做的价值判断，就是'义'；根据人的良知本性，找出人与人之间各种行为接触时应有的分寸和法度，就是所谓'礼'。孔子当时只说个'仁'字，沿用久了，大家听习惯了之后，反而不把它当成一回事，现在阳明先生说个'良知'出来，大家只要一念之间反省一下，立刻就有领悟的地方了，所以能使人心特别通透。"

13. 忿不止于愤怒，凡嫉妒褊浅，不能容物，念中悻悻，一些子放不过，皆忿也。欲不止于淫邪，凡染溺蔽累，念中转转，贪恋不肯舍却，皆欲也。惩窒之功有难易，有在事上用功者，有在念上用功者，有在心上用功者。事上是遏于已然，念上是制于将然，心上是防于未然。惩心忿，窒心欲，方是本原易简功夫，在意与事上遏制，虽极力扫除，终无廓清之期。

【译述】人的心中难免会有愤愤不平的时候，然而愤愤不平不仅是指愤怒的时候，凡是心中因为有偏见而嫉妒别人，或是不能容忍现实中种种不顺心的遭遇，而在心中常常怀着愤世偏激的想法，什么事情都要计较，这些都是一种愤恨。人的心中也难免会有欲望，欲望也不仅是对肉欲而言，凡是沉溺在一种癖好之中，浪费大好光阴，又无助于生命智慧的获得，或是贪恋某些事物而心中割舍不下，都是欲望。而当我们要戒绝愤恨之心，止塞贪欲之情的时候，所用的功夫因为方法与对象的不同，而有难易差别。有些人是当有愤恨或贪欲的实际行为发生时，下功夫去改过，这种方法是就实际产生的事情上去磨炼自己。又有一种人是在意念中已经有了愤恨或贪欲的念头时，努力克制，使它不发作出来，而变成实际行为，这种方法是在错误就要发生而还差一点没有发生的一刹那，克制自己，警惕自己。再有一种人是在平时心中还没有愤恨或贪欲的心意时，就先设法警惕自己，不让这些不好的情绪在心中生根，这种方法是在事先做好预防的准备工作。而这三种人所分别采取的三种方法，要以第三种从心上原本清明的时候就先做防范，最彻底、最直接，若到愤恨与贪欲已经在意念中或行为上产生的时候，才想到去制止它，那时不管多么努力，仍然是不能完全扫除干净的。

14. 乡党自好与贤者所为，分明是两条路径。贤者自信本心，是是非非，一毫不从人转换；乡党自好，即乡愿也，不能自信，未免以毁誉为是非，始有违心之行，徇俗之情。善观人者，不在事功名义格套上，惟于心术微处，密窥而得之。

【译述】一般世俗之人，往往由于习性相同、臭味相投，结合在一起，互相吹捧对方，形成一个小集团，这种行为和贤德有能的君子比较起来，真是截然不同，天差地别。贤能的君子，对自身内心的智慧与定力充满了信心，各种事物善恶对错的价值标准，自己都能分析判断，可以完全不受世俗观点的影响，而喜欢搞些小集团的乡愿，往往表面上看起来忠厚老实，而实际上心地不良，自己又没有主见，总是拿别人的看法作为自己的看法，于是经常做出一些违背良心的事，或者模仿流俗的举动。所以真正了解人性的人，看一个人有没有出息，不是从他有没有功名富贵这个角度去看，而是从他在待人处事的时候，隐含在他内心里面对事物、对人性的基本心态上去作判断。

15. 问："知行合一？"曰："天下只有个知，不行不足谓之知。知行有本体、有工夫；如眼见得是知，然已是见了，即是行；耳闻得是知，然已是闻了，即是行。要之，只此一个知，已自尽了。孟子说：'孩提之童，无不知爱其亲，及其长，无不知敬其兄。'止曰'知'而已，'知'便'能'了。更不消说能爱能敬，本体原是合一，先师因后儒分为两事，不得已说个合一，知非见解之谓，行非履蹈之谓，只从一念上取证，知之真切笃实即是行，行之明觉精察即是知，知行两字，皆指工夫而言，亦原是合一的，非故为立说以强人之信也。"

【译述】有人问道："什么是知行合一？"王畿答道："世界上本来只有一个知，所谓有人知道该做而做不到，那就不能算他是真的知道。知与行有它道理的一部分，也有它实践的一部分，比方说眼睛能够看得见种种事物，这种能够看得见的能力就是一种'知'，然而既然已经看了，那它同时也就是'行'了；耳朵能够听得见种种声音，这种能够听得见的能力，也就是一种'知'，然而既然已经听了，那它同时也就是'行'了。所以无论如何，只说一个'知'，只要是'真的知'了，那就一切都包括在内了。就好像孟子所说的道理一样：'孩童时代，人人都知道爱他的双亲，长大一些之后，又都知道尊敬他的兄长。'孟子只说'知道'，可是'知道'里面就已经包含其他行为在内了，不必再说'能够'爱、'能够'敬，因为知行在根本上是合一的。先师只因为后世学者硬要把知行看成两件事，于是不得已说一个'合一'，其实'知'不只是对事物的见解，'行'不只是亲身去实践，全要从我们内心上真实的领悟去看，知道一种道理，到了真切信仰的地步，就一定会化信心为力量而产生实际行动；实践一种信念，到了彻底完美的地步，可以表示对真理有了真正的了解。知与行这两个字指的都是修养的功夫，它们本来就是一体的两面，并不是先师为了勉强别人相信他的学说，而故意编出来的一套理论。"

16. 昔有人论学，谓须希天，一士人从旁谓曰："诸公未须高论，且须希士，今以市井之心，妄意希天，何异凡夫自称国王，几于无耻矣。愿且希士，而后希天可驯至也！" 一座闻之惕然。

【译述】前几天有几个人聚在一起讨论学问，认为求学要取法苍天那样高明广大、无所不包、无所不容的自然精神，这时旁边有位读书人说道："各位先生在此，用不着高谈空洞的理想，只要能做个正人君子，就已经相当不错了。如今连个正人君子都不是，却狂妄地以一些俗人的狭小心态，来奢求圣贤的境地，这就和凡夫称自己是国王一样，不但令人好笑，更显出自身的愚昧无知。但愿各位能先求做到正人君子的地步，然后再去追求圣贤的境地吧！"在场的人听了，都心中惭愧，深自反省。

17.诸儒所得，不无浅深，初学不可轻议，且从他得力处，效法修习，以求其所未至。若大言无忌，恣口指摘，若执权衡以较轻重，不惟长傲，亦且损德。

【译述】各位前辈学者的成就，难免有些深浅差别，初学的人不可以随便批评，最好是暂且采取他们的长处，学习效法，慢慢地或许可以达到先贤所达不到的地步。如果一开始就大言不惭，毫无顾忌地任意批评，就好像拿着秤杆称量物品的轻重一样，不仅助长一个人的骄傲心，更会损害自己的品德与修养。

18.弘、正间，京师倡为词章之学，李、何擅其宗，先师更相倡和，既而弃去。社中人相与惜之，先师笑曰："使学如韩、柳，不过为文人，辞如李、杜，不过为诗人，果有志于心性之学，以颜、闵为期，非第一等德业乎！"就论立言，亦须一一从圆明窍中流出，盖天盖地，始是大丈夫所为，傍人门户，比量揣拟，皆小技也。

【译述】明代孝宗至武宗在位期间，京城里的文人们彼此之间吟诗作词的风气非常流行，其中以李梦阳与何景明两人最出名，居于领导地位。先师阳明先生起初也跟他们在一起互相唱和，可是不久之后就放弃这种以诗文来应酬的聚会，不再去了。诗友们都感到非常可惜，因为先师的诗词文章都是相当不错的。可是先师阳明先生知道这种情形之后，反而笑着说道："就算我的文章有一天能和唐代大文学家韩愈、柳宗元他们一样，那也不过是个文人而已。诗词写得和李白、杜甫这样的大诗人一般，那也只不过是个诗人罢了。若我们果真有志于追求彻底解决生命的学问，当以孔子的学生中，德行最高尚的两位——颜回和闵子骞为榜样，那才是真正第一等的道德事业呢。"就算是论说一个人的思想谈吐，只有是从生命内在经过真实过程的锻炼之后，所流出来的智能语言，才能够真正通透人心，发人深省，那才是大丈夫所当为的。否则只是模仿他人，不过是一点雕虫小技罢了。

《论学书》

1. 阳和谓予曰："学者谈空说妙，无当于日用，不要于典常，是之为诡。口周孔而行商贾，是之为伪。惩诡与伪之过，独学自信，冥行无闻，是之为蔽。行比一乡，智效一官，自以为躬行，是之为画。"

【译述】阳和有一天对我说："读书人整天谈论一些玄妙高深的大道理，可是日常生活上却全用不上、做不到，不能做社会的模范，这种情形称作诡辩。嘴上说的都是周公、孔子这些圣人的理论，而实际行为却像一般世俗生意人那样斤斤计较，这叫作虚伪。虽然不犯上面两种毛病，可是一个人自修时，没有师友的切磋指引，见闻不广博，盲目地去做却自以为是，这叫作蔽塞。品行称闻于家乡，智能擅长于一技，却自以为满足，这叫作画地自限，不求进取。"

2. 吾人立于天地之间，须令我去处人，不可望人处我。

【译述】我们生活在社会中，应该我们主动地先去了解别人，关怀别人，不可以只是要求人家来了解我、关怀我。

第七章

泰州学案

王　艮

　　王艮，字汝止，江苏泰州人（本学案因此得名），求学者称他心斋先生。七岁入私塾读书，后因家贫而不得不中途辍学。于是跟父亲到山东去经商，身边常带着《孝经》《论语》《大学》这几本书，放在衣袖里面，遇到有学问的人就拿出来请教讨论，久了之后，能够随口记诵解释。有一天，他的父亲寒天起床，用冷水洗脸，王艮见了非常难过，痛哭道："做儿子的，让父亲这样寒天受冻，还能算是人吗？"于是以后父亲有什么事要做，他都尽量代劳，减轻父亲的辛劳。

　　王艮虽然不能专心读书，可是一有空就一个人默默地研究，以经书上所记载的道理与自己心中所领悟到的互相印证，如此过了几年，渐渐地，真正知道他学行深浅的人，已经不多见了。有一天晚上，王艮做了一个梦，梦到天塌了下来，千万人奔走着呼号求救，他用手将天托起，只见日月星辰都离开了原来的轨道，于是他把它们一一归还到原来的位置上去。醒来之后，全身都让汗水湿透了，从此一切行为或言语都处在一种精神清明的状态下。

王艮又按照《礼记》上的记载，自己制作了一套古代人的衣冠袍带穿在身上，并且说："我们学习尧、舜的圣贤道理，说话是学尧、舜，行为是学尧、舜，那么衣冠又怎能不学尧、舜呢？"

此时王阳明巡抚江西，提倡"致良知"的学理，长江以南的求学者们几乎没有不讨论学习的，然而王艮处在江北偏僻的家乡，却没有听过阳明的学说。有一天，有一位名叫黄文刚的先生来到泰州，与王艮认识之后一起谈论学问，听了之后非常惊讶，说道："您的观点和王阳明先生的理论非常相近啊！"王艮高兴地说道："这太好了，王先生谈良知与我的学问如果相同，那么是上天为了天下后世的苍生而生了一位王先生；如果不相同，那一定是上天为了让我有一位明师而生了王先生！"于是立刻出发前往江西拜访阳明，并且穿着他自制的古服求见。到了阳明家门前，只肯走到中庭就不再进了，拱手举着拜帖站着，等到阳明得到通报，亲自出来迎接，这才肯进到堂屋里面，阳明请王艮上座，他也就不客气地坐了。谈论了很久，王艮渐渐对阳明的学问、风度、智慧都有点佩服了，于是不好意思地把座位移到旁边去，不敢再居于上座。又谈了许久告一段落之后，王艮叹道："如此通透的智慧，还真是第一次见识到，我实在自叹不如啊！"于是向阳明下拜，自称弟子。可是当天晚上，王艮将白天与阳明所讨论的观点又重新反省了一遍，觉得有些地方不怎么对劲，于是心中有点后悔随随便便就拜了阳明当老师，不禁说道："我这回真是太轻易就下判断了！"第二天又去见阳明，并且把昨晚的想法说了出来，阳明于是说道："你能够不随便轻易相信一种学说，那非常好！"于是请王艮仍然上座，再就学问互相讨论辩难，久而久之，才真正心服口服，愿意从此真正做阳明的弟子。阳明事后对他的门人说道："过去我平宸濠之乱的时候，心中都能够不被外界的种种惊涛骇浪所动摇，今天却被刚才那人给触动了。"

王艮在江西住了一段时间之后，有一天忽然感叹道："几千年来圣贤的生命智慧，今天我的老师好不容易才重新把它宣示出来，怎么能有人听不到恩师说法呢！"于是准备到北方去宣扬阳明的学说，临行向阳明打听古代孔子周游列国的时候，所乘的车子是什么样式，阳明听了只是笑而不答。王艮告辞回家之后，自己特别造了一辆古代帝王迎接贤士时所用的礼车，驾着向北而去，沿路招摇讲说。将到北京时，有一位老者，梦见一条无头黄龙，乘着风雨来到京城的崇文门外，变成一个人站在那里。于是天一亮，就赶到城门外等候，正好这时王艮驾车而至。此时京城中对阳明先生的学说及其本人，诽谤的很多，而王艮一方面在这个时候大事宣扬阳明的学说，一方面自己又奇装异服的，于是更招来许多批评以及难看的眼光，被人视为怪物。有不少阳明门下的同门在京城中，都劝先生回去算了，阳明本人也亲自写信来责备王艮太招摇了，于是他才决定回到老师那里去。因为王艮意气太高，行事太奇，阳明存心要好好抑制他一番，于是王艮到了三天，阳明都不接见。正好第三天有客人来，阳明出来送客的时候，王艮长跪在路边，说道："我现在知道是自己错了！"阳明仍然不理他，自顾自地走了进去。王艮跟随在后面，到了庭院中，大声说道："孔子曾经说过，做人不要做得太绝了！"阳明听了才回过头来，将他扶起。

阳明去世之后，王艮返回家乡，开门授徒，弟子远近都有。阳明门人中，以王龙溪最有辩才，然而他的学说有人信有人不信，唯有王艮能从眉目之间细微处稍微表示，就能叫人省觉。王艮教人甚多，且受人爱戴。嘉靖二十年（1541 年）去世，享年五十八岁。

现摘录王艮的著作于后：

《心斋语录》

1. 爱人直到人亦爱，敬人直到人亦敬，信人直到人亦信，方是学无止法。

【译述】我们关爱其他人，一直要做到使别人亦能充满仁心，关怀他人；敬重别人，一直要做到使别人亦能充满仁心，敬重他人；信任他人，一直要做到使别人亦能充满仁心，信任他人，这样才算是追求到底的人。

2. 有以伊、傅称先生者，先生曰："伊、傅之事我不能，伊、傅之学我不由。"曰："何谓也？"曰："伊、傅得君。设其不遇，则终身独善而已，孔子则不然也。"

【译述】有人称王艮的学识德行可以媲美于商朝的两位贤相伊尹和傅说，王艮说道："他们所做的事业我不能做，他们的学问我也不想学。"某人问道："那是为了什么呢？"王艮答道："他们两位得遇英明的君主，所以才能将能力尽情地发挥出来，相反，如果他们没有遇到明君信赖重用，将只能够一辈子自我锻炼、自我修养，却不能将他们的能力贡献给社会。然而孔子却不这样，孔子虽然生于乱世，没遇到一位了解他、信任他的君主，可是他却能周游各国，传道讲学，将他的思想广为传播于当代及后世，影响既深且远。我们要学也要学孔子。"

3. 孔子虽天生圣人，亦必学《诗》、学《礼》、学《易》，逐段研磨，乃得明彻之至。

【译述】孔子虽然天生聪明绝顶，可是也必须按部就班地学《诗》、学《礼》、学《易》，通过整个广泛的文化领域的研究之后，才能得到通透明彻的智慧。

4. 一友持功太严，先生觉之曰："是学为子累矣！"因指斲木者示之，曰："彼却不曾用功，然亦何尝废事！"

【译述】一位同学太用功了，王艮提醒他道："像你这样用功过度，未免使得好好一件读书求学有意思的事情，变成一件苦差事，成为自己的负担，实在太划不来了。"因而指点他观看伐木的樵夫，并说道："像他并没有刻意去用功，可是只要他尽了他的工作本分，也自然不会耽误了正事。"

5. 天理者，天然自有之理也，才欲安排如何，便是人欲。

【译述】所谓"天理"，就是天然自有的道理，人就是应该照着这天然自有的道理去生活，只要心中再想要多加一点儿"人"自己的意见在里面，就是私欲了。

6. 百姓日用条理处，即是圣人之条理处，圣人知，便不失；百姓不知，便易失。

【译述】一般人日常生活中所用到的各种道理，也就是圣人日常所用的道理，道理本身并没有什么两样，只是圣人能够自觉反省到这些道理，所以便能够把它们在日常生活中充分地发挥应用出来；一般人因为不能自觉反省，所以便容易忽略这些道理，做起事来就难免犯错了。

7. 有心于轻功名富贵者，其流弊至于无父无君；有心于重功名富贵者，其流弊至于弑父与君。

【译述】心中轻视功名富贵的人，轻视得太过分的时候，往往会忘了家庭与社会的责任；心中看重功名富贵的人，看得太重时，往往会不择手段，可能不惜利令智昏，牺牲国家社会的利益，来满足个人的欲望。

8.即事是学，即事是道，人有困于贫而冻馁其身者，则亦失其本而非学也。

【译述】学问并不仅只限于书本上的道理，因为书上的道理也是作者经过他自身的经验、情感、思考、分析、体会、归纳各种过程之后而凝聚出来的一种生命的智慧，所以我们只能把这些道理当作我们生命追求过程中的一种参考，而最主要的还是自身也有作者同样的过程，自己去体验，自己去通过，这样实际走了一遭，才会使我们从书本上看来的道理，有了一层真实的保障。所以，一个读书人，尽管他能说一大堆书本上记载的道理，可是在日常生活中，却担心生活没有保障，或者生活过得不舒适、不富裕，那也只能算是一种失去根本，不是真正追求学问的人。

9.学者问放心难求，先生呼之即应。先生曰："尔心见在，更何求乎？"学者初见，先生尝指之曰："尔此时何等戒惧，私欲从何处入！常常如此，便是允执厥中。"

【译述】有人问王艮：“心总是不定，想往外跑，静不下来，不能专一，该怎么办？”王艮立刻唤了一声他的名字，那人听了也就本能地回答了一声，于是王艮反问道：“你的心明明在这里，还用得着刻意去求吗？”有人初次来向王艮求教，王艮往往指点他道：“你看你现在头一次来见我，心中是多么虔诚，没有一点私欲的念头，能够经常如此，就是执守中道。”

10. 有疑“出必为帝者师，处必为天下万世师”者。曰：“《礼》不云乎：‘学也者，学为人师也。’学不足以为人师，皆苟道也。故必以修身为本，然后师道立。身在一家，必修身立本以为一家之法，是为一家之师矣；身在一国，必修身立本以为一国之法，是为一国之师矣；身在天下，必修身立本以为天下之法，是为天下之师矣。是故出不为帝者师，是漫然苟出，反累其身，则失其本矣。处不为天下万世师，是独善其身，而不讲明此学于天下，则遗其本矣。皆非也，皆小成也。”

【译述】有人怀疑：“读书人得志为官的时候，就应该做帝王的老师；不得志的时候就应该讲学著述，将学问智慧传播下去，为万世师表。”王艮回答道：“《礼记》上记载着：‘所谓求学，就是要学到足以为人师表的地步。’求学的人，功力不足以为人师表，一定平日读书的时候，用功不勤，荒废苟且去了。因此求学的人，必定要以修身为本，这样能够为人师表的根本学识与品德才能奠立起来。学识与品德都有了基础之后，处在家庭中，可以让家人都效法学习，因此是一个家庭的老师；处在国家或朝廷上，就可以让全国人都效法学习，因此是全体国人的老师；又自身处于整个世界之中，于是也可以让天下世人都效法学习，因此又是天下世人共同的老师了。因此读书人一定自身先要有了真实不拔的基础，然后得志为帝王师，影响一人而改变世界。如果做不到这一点，却轻易出来为官，那是做人太随便而缺少自知之明，有时反而会害了自己，失去了求学的本意。相反，有了充分的智慧，不出来做官为帝王师，却又不讲学传道，教育后进，那顶多是一个隐世自爱的人罢了，也枉费了自己一身的学识与智慧。这两种态度都不正确，都只是一种小成就而已。"

11. 夫仁者爱人，信者信人，此合内外之道也。于此观之，不爱人，己不仁可知矣；不信人，己不信可知矣。夫爱人者人恒爱之，信人者，人恒信之，此感应之道也。于此观之，人不爱我，非特人之不仁，己之不仁可知矣；人不信我，非特人之不信，己之不信可知矣。

【译述】仁爱为怀的人一定能善待别人，自己讲信义的人一定能信得过别人，这是自身内心中有什么，表现出来，对待外界的人或事物时，也就是什么的道理。由这点看起来，如果我们不能善待别人，那一定是自己心中缺少了仁爱；当我们不能信赖别人的时候，一定是自己也有不讲信义的时候。另外，真能善待别人，别人也一定会同样善待我们，真能信得过别人，别人也会同样信得过我们，这是人类彼此有共通的情感，都能感受到对方的善意与尊重的缘故。所以由此看来，别人没有善待我们，不一定是对方不仁，但至少我们自身已经先没有以仁爱的心去善待别人了；别人不能信赖我们，不一定是人家不讲信义，至少我们自身一定先有让人家信不过的地方了。

12. 先生问在座曰："天下之学无穷，惟何学可以时习之？"江西涂从国对曰："惟天命之性可以时习也。"童子周莅对曰："天下之学虽无穷，皆可以时习也。"先生曰："如以读书为学，有时作文，有时学武；如以事亲为学，有时又事君；如以有事为学，有时又无事。乌在可以时习乎？！"童子曰："天命之性，即天德良知也，如读书时，也依此良知，学作文时，也依此良知，学事亲事君，有事无事，无不依此良知，学乃所谓皆可时习也。"先生喟然叹曰："信予者从国也，始可与言专一矣；启予者童子也，始可与言一贯矣。"

【译述】有一天，王艮问在座的弟子道："天下各种学问无穷无尽，到底哪一种学问才是与整个生命息息相关，不可片刻放松的呢？"这时有一位叫涂从国的江西人答道："上天所赋予的良知

本性，可以在平常生活中时常实践体会。"又有一位少年名叫周
莛的答道："天下各种学问虽然很多，然而都可以下功夫随时追
求、随时注意。"王艮于是故意问周莛："如果我们把读书称作求
学，那么有些时候是学作文，有些时候在学武；如果认为侍奉双
亲是一种学问，可是有时候又必须为国效忠，往往忠孝不得两全；
如果说只要有事都是学问，可是偏偏有些时候什么事都没有，这
样功夫还是有了间断，怎么能说都可以下功夫、随时追求、随时
注意呢？"周莛答道："所谓自然之性，落在人心中就是良知，比
方读书的时候，也是为了将这个良知充分发挥；作文的时候，也
是要这个良知充分作用；另外不论是侍奉双亲还是侍奉君王、有
事还是没事，都是依着这个良知去做，所以说都可以下功夫，随
时学习。"王艮于是感叹道："从国已经有深信不疑的决心，从此
可以与他谈生命中究极理想的事了；周莛深具启发性，从此可以
与他谈人类一切思考与创造中的共同本质了。"

13. 先生拟上世庙书数千言，佥言孝弟也。江陵阅其遗稿，
谓人曰："世多称王心斋，此书数千言，单言孝弟，何迂阔也！"
罗近溪曰："嘻，孝弟可谓迂阔乎！"

【译述】王艮曾经写了一篇好几千字的文章，是在祭祀明太
祖的祭典上要用的，内容全部是谈孝悌的道理。王艮去世后，宰
相张居正看到王艮这篇遗稿，读完了之后对人说："人们都称赞王

心斋，说他学问有多么了不起，可是这篇文章好几千字，却全部都在谈孝悌的道理，这是何等迂腐不切实际啊！"罗近溪先生听到了说道："嘿！嘿！推崇孝悌人伦，可以说是迂腐吗！"

本节附录

樵夫朱恕

朱恕，字信光，与王艮同乡，家有老母，平日靠砍柴为生。有一天上山去砍柴，从王艮讲堂的窗前经过，高声唱道："离山十里，薪（木柴）在家里；离山一里，薪在山里！"王艮听了之后，对正在听讲的门人弟子说道："大家都听仔细了吧，人生的智慧，只怕不去追求，只要肯下功夫，就会发现并没有想象中那么困难，相反的，如果始终不踏出第一步，那么再容易的事也变得困难了！"樵夫在窗外旁听了一会儿王艮的讲学，听得津津有味，从此每次上山砍好柴以后，一定要到王艮窗前听上一阵子，饿了就向人讨点开水配着自备的饭团充饥，也不以为苦，听完了，就背着木柴高歌而去。

同学们看他这种情形，都觉得是一件难得一见的奇事。有一次，一位姓宗的求学者等他听完要离开的时候，特地叫住他，对他说："我这里有一些银两，现在可以给你拿去另外找个轻松一点的工作，一方面可以不必再这样辛苦地天天上山砍柴，一方面也比较有闲暇与我们在一起读书讲学，你看好不好？"樵夫接过银两，低头想了一想，然后突然抬起头来怒道："你这样做并不是爱我而是害我！今天如果我糊里糊涂拿了你的钱，一旦心中有了希求生活过得好一点的欲望，不免要断送我一生追求理想的前途了！"于是将钱塞还给对方，掉头而去。

陶匠韩贞

韩贞，字以中，号乐吾，江苏兴化人，以做陶瓦为业。起初因为钦佩朱恕，时常跟他在一起，后来才转跟心斋先生的二儿子王襞求学。韩贞学问不高，只大略认得一些字。茅屋三间就是他的家，后来因为家中实在太穷，生活难以为继，又欠了别人的债，于是将这三间茅屋抵给了债主，自己搬到一处窑洞去住，生活虽然这样困苦，他却始终很开朗，还为了这件事自己编了两句歌词："三间茅屋归新主，一片烟霞是故人。"

韩贞三十多岁还没有娶妻，后来由于同门师兄弟相助，才结了婚。在师门待了一段日子之后，自觉有不少真实心得了，决心要以自身所学，来改善地方上的风俗，于是在平日工作之余，遇到有适当的机会，就随时指点一下乡人，渐渐风气传了开来，地方上农工商贾前来求教论道的有一千多人。于是在每年秋收完毕农闲的时候，他就聚集乡人讲学，一个村庄讲完了，又到另一个村庄，前歌后答，琴声诵读声，交织成一片祥和的气氛。当地县官知道这件事后，非常嘉许，派人送了两石米和一笔钱到他家，韩贞将米收下，却把钱给退了回去，县官问他为什么？他回答道："我是一个粗鄙的陶匠，不能帮助您在政事上分忧，所幸和我交游来往的人，都能够规规矩矩，不曾闹过任何事、麻烦到官府，这就是我对您的报答了。"

每遇讲会中有人谈论新闻时事的，韩贞就大声说道："一个人一生光阴能有多少？还能在此闲谈吗！"或者有人偏重在文章的字句上，求历代学者对每个句子的注解，他也大怒道："舍弃自身内心的良知不去体会，却在这里搬弄别人的陈腔滥调，难道这里只是教书匠的讲堂吗？"在座的求学者，往往都能因而警醒。

罗汝芳

　　罗汝芳，字惟德，号近溪，江西南城人。年轻时读薛敬轩《语录》，认为万起万灭的私念，长久以来萦绕在胸中，扰乱自己的心志，如今应当将它扫除净尽，以呈现出光明的本性。决心下定了之后，就到一座叫作临田寺的庙中隐居起来，早晚勤修苦练。他修行的方法是在茶几上放一只盘子，装满清水，等它澄静下来就像一面镜子的时候，对着它静坐，目的是要让意念纷扰不定的心境，变得像水镜一样平静清澈。这样锻炼了一阵子后，不但未见有多大功效，并且心火更加旺盛，弄到后来反而生出病来了。

　　有一天，汝芳出游，见路旁有一块木牌上写着"专救心火"，汝芳以为是名医，连忙按址拜访，到了那里一看，原来并不是医生，而是聚众讲学的一处场所。汝芳也就既来之，则安之，杂在人群中听听看看，听了好一会儿，高兴地说道："这倒是真能救我心火煎熬的人啊！"等散了会之后，汝芳拜问主讲人，原来这位先生的名字叫作颜钧，字山农，江西吉安人，是王心斋的门人。汝芳于是与他谈了起来，并且自述对生死得失都能不再动心了。颜钧答道："你这种情形，只是勉强制住自身的欲望，并没有真正体会到本心。"汝芳问道："我克制自己的私欲，才有可能回返到原有的天理，不制欲又怎能够体会本心呢？"颜钧回答道："你难道忘记孟子谈人性中仁义礼智发端的理论了吗？恻隐之心是仁的发端、羞恶之心是义的发端、辞让之心是礼的发端、是非之心是智的发端，这几种基本的人性，都是从本心中生发出来的，每个人都有，同时每个人都能体会到，你只要随时将它扩充发挥出来，就像烈火刚开始点燃，泉水刚开始喷出，正是源源不绝。像这样体会本心，扩充本心，不是直截了当吗！所以你只需担心平常不能将本心的良知充分发挥出来，却不用害怕它有用完的一天。"这时候汝芳恍然大悟，就像大梦初醒一般。第二天天一亮，就前往拜颜钧为师，自称弟子。

后来颜钧因事在京城中被关了起来，一共关了六年，汝芳也就一直在狱中陪伴侍奉着老师，并且中了进士之后，皇帝的殿试都没有去参加。最后也是靠着汝芳变卖家中的田产，想尽办法，才把老师给救了出来。后来汝芳因得罪宰相张居正，被勒令退休，回家乡去种田。此时汝芳年事已高，但是只要是老师来拜访，他一定随侍左右，一步不离、一杯茶、一道水果都要自己亲手奉上，汝芳的儿孙辈，怕他太辛苦了，想要代他做，他说："我的老师不能让你们这些小子来侍候，一定要我亲自才行。"

汝芳自从归隐之后，常与门人往来于江南一带，尽心讲学，每到一处，弟子都塞满了讲堂，然而他却不以老师的地位自居。

有人认为王龙溪写文章比讲演来得精彩，而汝芳是讲学比写起文章来更引人入胜。不论是长篇大论、仔细分析，还是用几句精粹的话语点明一种观念，都能令人像处于春风中一样舒畅，又像春雷辗动，发人深省。即使是从来不曾接触过学问的人，也能很快觉察到自身心地中光明的本性，明白人生大道就在眼前，完全没有肤浅老套的习气，使人当下就有受用。

　　早先，汝芳学问尚未有成时，有一次到北方去，半路上忽然生了重病，休养了许多时候，才稍见起色。一天早上正倚着床靠着，恍惚中有一老翁来访，问道："您的病体稍见康复，不知心病怎样了？"汝芳默不作答。老翁又说道："您自出生以来，遇有麻烦的时候，总是不会动气；疲倦的时候，还是强打着精神；遇到有人吵闹干扰的情况也不会分心，睡梦中的情景也都能记得住。这些都是您心中的痼疾，现在依然存在，怎么不赶快想办法把它治好呢？"汝芳听了吃了一惊，回答道："这些都是我拼命努力才有的心得，怎么说它是病呢？"老翁说道："一个人的身心，是从自然中禀受而来的，随着事物的变迁，遇到什么就依着心中的天理良知去应对，原没有什么好事先计划安排的。您一生虽然勤奋努力，可是个性太强，心中念念不忘要强人一等，于是拼命强求，结果养成了心中的郁结。您如今还自以为没病，高兴得很，却不知天生自然本性已经渐渐要丧失干净了。岂仅是心中有病，我看身体也都要保不住了吧！"汝芳听了惊坐而起，伏地叩谢，汗如雨下，从此心中的固执念头才渐渐消除，血脉才开始通畅。随即

142

进京参加还未通过的殿试去了。

明神宗万历十六年（1588年）八月，汝芳身体微有不适，依然与门人弟子讲学不倦。九月初，汝芳出堂上端坐，命孙儿们依次进酒，每人喝一小口之后，汝芳拱手向弟子告别道："我要去了！"门人弟子皆恳求再多盘桓一日，汝芳点头许可，第二天中午乃去世。享年七十四岁。

现摘录汝芳著作于后：

《近溪语录》

1. 问："今时谈学，皆有个宗旨，而先生独无。自我细细看来，则似无而有，似有而无也。"罗子曰："如何似无而有？"曰："先生随言对答，多归之赤子之心。"曰："如何似有而无？"曰："才说赤子之心，便说不虑不学，却不是似有而无，茫然莫可措手耶？"曰："吾子亦善于形容矣，其实不然，我今问子初生亦是赤子否？"曰："然！"曰："初生既是赤子，难说今日此身不是赤子长成！此时我问子答，是知能之良否？"曰："然！"曰："即此问答，用学虑否？"曰："不用！"曰："如此则宗旨确有矣！"曰："若只是我问你答，随口应声，个个皆然，时时如是，虽至白首，终同凡夫，安望有道可得耶？"曰："其端只在能自信从，其机则始于善自觉悟，虞廷言道：'原说其心惟微，而所示工夫，却要惟精惟一。'有精妙的工夫，方入得微妙的心体。"曰："赤子之心，如何用工？"曰："心为身主，身为神舍，身心二端，原乐于

143

会合，苦于支离，故赤子孩提，欣欣长是欢笑，盖其时身心犹相凝聚；及少少长成，心思杂乱，便愁苦难当，世人于此，随俗习非，往往驰求外物，以图安乐，不思外求愈多，中怀愈苦，老死不肯回头。惟是有根器的人，自然会寻转路，晓夜皇皇，或听好人半句言语，或见古先一段训词，憬然有个悟处，方信大道只在此身，此身浑是赤子，赤子浑解知能，知能本非学虑；至是精神自来体贴，方寸顿觉虚明，天心道脉，信为洁净精微也已。"曰："此后却又如何用工？"曰："吾子只患不到此处，莫患此后工夫；请看慈母之字婴儿，调停斟酌，不知其然而然矣！"

【译述】有位学生问汝芳道："学者讲学的时候，都有他们各人独特的宗旨，让前来求学的人容易把握住重点，然而您却没有。不过我后来经过仔细观察，发现您的讲学宗旨看起来没有，其实是有的；另外当看起来有的时候，实际上又没有了。"汝芳问道："什么叫作看起来没有，而实际上有呢？"这位同学回答道："同学们向您请教的时候，您多半就问题随口回答了，这样看起来似乎没有一个固定的宗旨，可是每个问题回答到最后的时候，您经常都把结论归结到'定要将自身锻炼到像儿童那样纯朴而又天真的地步'！这不是实际上有了吗？"汝芳又问道："就算是这样吧。那么什么叫作看起来有，而实际上又没有呢？"学生答道："您每次说到应该像儿童的赤子之心那样天真纯朴的时候，总是接着提醒我们，这种天真纯朴不靠思虑，不用学习，要顺其自然。

这样一来不是似乎有宗旨，而实际上又没有了吗？所以常使我们糊里糊涂而没有着手的地方。"汝芳听完了之后说道："真难为你了。你的观察与形容虽然都非常仔细，可是并不正确。现在我问你，你刚生下来的时候，是不是一派天真自然呢？"学生答道："是啊！"汝芳又问道："既然初生下来是纯朴天真的赤子，那么总不能说今天的我不是由过去的赤子长成的吧？并且现在当我问你的时候，你都是凭着天生的本能在做回答。"学生答道："是的，我们的确都是由纯真的儿童开始长大成人的，并且我是凭着天生的本能在回答您的问题。"汝芳于是再问道："那么这些问答是不用思虑、不用学习的喽！"学生答道："是的！的确是用不着再经过思虑与学习，就自然能够明白，自然能够回答了。"汝芳于是说道："这样说来，我的讲学既有归结，又果然不用思虑、不靠学习，那么的确是有一个宗旨的了。"学生答道："可是如果只是我问你答，随口应对，那么任何人都会，并且经常如此，没有差别，就算活一辈子也是一个凡夫，又怎能希望有得道的一天呢？"汝芳回答道："这其中的关键在于一开始自己就有信心。其次要能对自己的心性有所觉悟。虞廷曾经说过：'古书上形容人的心性是极微妙而又细腻的，但是所指点的修养功夫却要人能专一彻底。'所以必须有彻底的功夫，才能体会得微妙的心性。"学生又问："那么像孩童一般纯真的心性要如何下功夫培养呢？"汝芳答道："心性是人身的主宰，身体是灵魂寄居的所在；身心两者，原本乐于合为一体，一旦分离开来，将令人痛苦万分。所以人在小的时候，生命活泼自然，欢笑的时候多，原因是那时身心两者正是合而为一的。等到渐渐长大以后，心思开始杂乱起来，等到不再像小时候那样天真纯朴的时候，便感觉愁苦难当了。然而世人面临这种由孩童即将长大成人的重要关头，也就是世故渐深而天真渐失的时候，时常随着世俗而踏出了错误的第一步。往往以追逐现实中的名利富贵，来填补失去了自然纯真以后内心的空虚，却不能明白向外在现实追逐得越深，心中痛苦与空虚的压力也就越大，临到老死仍不能觉悟回头。相反，唯有天生智慧、领悟力高的人，才自然会想要寻找解脱的道路，昼思夜想，有些是听了学者的指点，有的是从古书上某些道理中得到启发，先有了一个开始，才信得过人生大道不离自身心性，自身心性全然是一片纯真，全然纯真的心性自然能知天理、行正道，并且不用思虑、不靠学习，到此地步，精神自然能够专注，胸襟自然能够光明。"学生听完这一段话之后，接着问道："那到此地步以后，又要如何呢？"汝芳再回答道："你只需担心自己达不到这种程度，用不着担心到了这种程度之后再该怎么走。你只看慈母照顾婴儿就是一个好例子，她照顾婴儿无微不至，可是却只是这样做，不问为什么。"

2. 问："吾人在世，不免身家为累，所以难于为学。"曰："却倒说了。不知吾人只因以学为难，所以累于身家耳！人世必有顺逆，然独不可化逆而为顺耶？此非不近人情，有所勉强于其间也。吾人只能专力于学，则精神自然出拔，物累自然轻渺，莫说些小得失忧喜，毁誉枯荣，即生死临前，且曳杖逍遥也。"

【译述】有人说道："我们人活在世界上，难免会受到生活与家庭的牵累，所以不容易安心地做学问。"汝芳答道："这种说法，恰好是倒果为因。殊不知，正是因为我们以为求学很困难，而不肯真的用心去学，所以才会使自己的身心受到现实中生活与家庭的牵累。人处在世界上，遭遇自然有顺利也有挫折，然而难道我们就不能努力将挫折化为顺利吗？这并不是不近人情，故意勉强人的意思。我们唯一可做的，只有专心于求学上，因为现实中的遭遇，究竟顺与不顺，我们往往是没有办法事先加以决定的，而要不要学，却是人可以自己做决定的，并且唯有真正专注在追求理想、勤奋学习的时候，精神才能从现实的牵累中超拔出来，不受束缚，不要说是一些小小的得失或者喜怒毁誉的事，就算在生死关头，也可以像孔子临终时，还拄着拐杖在门前悠然地散着步那样自然无虑。"

3. 问："临事辄至仓皇，心中更不得妥帖静定，多因养之未至，故如是耳。"曰："此养之不得其法使然。因先时预有个要静定之主意，后面事来，多合他不着，以致相违相竞，故临时冲动不宁也。"

【译述】有人问道："每当遇到有事情发生的时候，就会手忙

147

脚乱地乱了方寸，心中更是担心这个忧虑那个的，不得镇静，想来自己修养功夫还不到家，才会这样的吧！"汝芳答道："这不仅是功夫不到家，而是修养的方法本身错了。因为一开始心中就有一个要镇静从事的主意，于是刻意安排设想了许多情况，准备一旦有事情发生的时候，就用这些已经预备好的办法去应付，哪知道后来发生出来，全然出乎意料，一个办法也派不上用场，于是心中自然惊慌失措，没了主意。"

4. 问："善念多为杂念所胜，又见人不如意，暴发不平事，已辄生悔恨，不知何以对治？"曰："譬之天下路径，不免石块高低；天下河道，不免滩濑纵横。善推车者，轮辕迅飞，则块磊不能为碍；善操舟者，篙桨方便，则滩濑不能为阻。所云杂念愤怒，皆是说前日后日事也，工夫紧要，只论目前，今且说此时相对，中心念头果是何如？"曰："若论此时，则恭敬安和，只在专志受教，一毫杂念也不生。"曰："吾子既已见得此时心体有如是好处，却果信得透彻否？"大众忻然起曰："据此时心体，的确可以为圣为贤而无难事也。"曰："诸君目前各各奋跃，此正是车轮转处，亦是桨势快处，更愁有什么崎岖可以阻得你？有什么滩濑可以滞得你？奈何天下推车者，日数千百人，未闻以崎岖而回辙；行舟者日数千百人，未闻以滩濑而停棹。而吾学圣学贤者，则车未曾推，而预愁崎岖之阻；舟未曾发，而先惧滩濑之横。此岂路之扼于吾人哉！亦果吾人之自扼也？"

【译述】有人问道:"我心中的善念,常常受到各种杂念的干扰,又每见有人遭受委屈,就会打抱不平,心中就难免会动气,并且事情过去之后,心中又会悔恨不已。不知该如何对症下药才好?"汝芳答道:"比方说,天下的道路,难免会有高低不平;天下的河川,难免会有沙洲、旋涡。但是真正会推车的人,轮子滚动得又快又稳,路上的大小石块或深浅坑洞都不能阻碍他的通行;真正会操舟的人,木桨摇得干净利落,于是沙洲、旋涡都不能使他停留。你们所说的杂念和暴躁的脾气,都是因为只把心思放在已经过去或者还未到来的事情上,或是去追悔,或是去预测,却总不把心思放在眼前的事情上,于是实际功夫一点也用不上。现在我们先不谈别的,各位自己静下来仔细想一想,你们现在心中是些什么念头?"学生们答道:"如果只是说现在这一刻的话,倒真是恭敬安和,全心全意都在听先生的教诲,没有一毫杂念。"汝芳于是又问道:"各位虽然已经体会到了心中有这种专一宁静,不生一毫杂念的好处,但是真的能够对它有足够的信心吗?"大家都站起来答道:"如果根据现在心中的专一与虔诚,的确可以有信心做到圣人的地步。"汝芳说道:"诸位现在心中意气飞扬,信心十足,就正像我们前面所说的车轮正在飞快地转动着,船桨正在飞快地划着,此时还怕有什么崎岖不平的道路或是水流冲激的急流阻碍你吗!天下推车、划船的人数何止千与百,却从来没有听说过因为路不平、水流急就回头的。只有我们这些读书学做圣贤的人，车子还没有开动，就先担心路不好走，船还没有离岸，就先害怕旋涡横阻，这究竟是路不好走阻挡了我们呢？还是我们自己限制了自己？"

5.问："某用功致知力行，不见有个长进处。"曰："子之致知，知个甚的？力行，行个甚的？"曰："是要此理亲切。"曰："如何是理？"曰："某平日说理，只事物之所当然便是。"曰："汝要求此理亲切，却舍了此时而言平日，便不亲切。舍了此时问答而言事物，当然又不亲切。"曰："此时问答，如何是理之亲切处？"曰："汝把问答与理看作两件，却求理于问答之外，故不亲切。不晓我在言说之时，汝耳凝然听着，汝心烔然想着，则汝之耳、汝之心，何等条理明白也！言未透彻，则默然不答，言才透彻，便随众欣然，如是则汝之心，汝之口，又何等条理明白也！"曰："果是亲切！"曰："岂止道理为亲切哉！如此明辨到底，如此请教不息，又是致知力行而亲切处矣！"

【译述】某位学生问道："我努力用功求知，并且身体力行，却始终没有什么进步，不知怎么回事？"汝芳反问道："你说求知，知的是些什么？所谓力行，行的又是些什么？"学生答道："我的目的是希望道理与我的思想言行能够合而为一，这样才有亲切感。"汝芳问道："道理是什么？"学生答道："我'平日'所谓道理，只不过'事情'之所以应该这样做，或者应该那样做的原因，也就是了。"汝芳说道："你希望让道理与自身有亲切感，却不谈现在这一刻，反去说'平日'怎样怎样，这便不亲切了。你又舍弃现在我与你正在进行的问答，不把它举做例子，却去说'事情'，当然更不亲切了。"学生问道："此时先生与我的问答，为什么就是道理与自己身心亲切的地方呢？"汝芳答道："你把我们现在的'问答'和'道理'看成是两回事，而从这当下正在进行的事情以外去求道理，所以不亲切。你不想想，我在这里说的时候，你的耳朵正在凝神听着，你的心正在注意想着，这时你的心与你的耳，不是条理分明得很吗！当我说的话你还不能透彻明白的时候，你就默默地坐着，不敢随便表示什么意见，一旦懂了之后，便又随着同学们露出欣喜的神色，并且口中也就跟着发表你的意见了。这样看来，你的心和你的口，不也是条理分明的吗！"学生想了想说道："的确不错，这样才是真的有亲切感啊！"汝芳又说道："岂止是对道理感到亲切！像这样有了疑问就明辨到底，不厌其烦地请教先生，你还能另外对致知力行感到亲切呢！"

6. 问："今若全放下，则与常人何异？"曰："无以异也！"曰："既无以异，则何以谓之圣学也？"曰："圣人者，常人而肯安心者也；常人者，圣人而不肯安心者也。故圣人即是常人，以其自明，故即常人而名为圣人矣。常人本是圣人，因其自昧，故本圣人而卒为常人矣。"

【译述】有位学生问道："先生平日教我们不要太刻意去追求什么，可是如果对追求人生的大道也是持着这种态度，那不是和普通常人一样了吗？"汝芳答道："是啊！本来就没有什么不同啊！"学生问道："如果真的没有不同，那么怎能称为圣贤的学问呢？"汝芳答道："所谓圣人，只不过是一般常人中，有能力对自身的心性加以彻底反省与控制的人，而所谓常人，乃是圣人而不能控制自己内心欲求的人，所以圣人与常人就基本的人性上来说是没有什么不同的，只要能彻底实现良知本性，并自然去做，常人就是圣人了。常人本来具备圣人的一切可能，只因物欲蒙蔽了自身的心性，所以才堕落为一般常人罢了。"

7. 问："有人习静，久之遂能前知者，为不可及。"曰："不及他不妨，只恐及了倒有妨也。"曰："前知如何有妨？"曰："正为他有个明了，所以有妨。盖有明之明，出于人力，而其明小；无明之明，出于天体，而其明大。譬之暗室张灯，自耀而光，而日丽山河，反未获一睹也已。"

【译述】某人说道："听说有人静坐，久了之后能够未卜先知，看来我是不及他的了。"汝芳答道："及不上他倒不要紧，只怕及得上他这种本事，倒有妨害。"某人问道："能够未卜先知为什么有妨害呢？"汝芳答道："正因为他有了个'先见之明'，所以对于真正生命智慧的追求，反而有所妨碍。因为这种'先见之明'

只是一种小聪明，不及真正通透一切真理从生命中历练出来的智慧来得更广大、更深刻。就像在黑暗的屋子中点一盏灯，灯光只能够一间屋子自己用，但是阳光照遍了山河大地，却很少被人重视。"

8. 一友卧病，先生问曰："病中功夫何如？"曰："甚难用功。"先生曰："汝能似无病时，便是功夫。"

【译述】一位朋友生病，汝芳去探望，同时问道："你虽然在病中，可是每日修身的功夫做得如何了？"朋友答道："生病的时候，意志力薄弱，精神不够集中，很难用得上功夫！"汝芳回答道："你能够在生病的时候表现得跟没病的时候一样，不怨天尤人，这就是功夫了。"

9. 某自始入仕途，今计年岁，将及五十，窃观五十年来，议律例者则日密一日，制刑具者则日严一日，任稽察、施拷讯者则日猛一日，每当堂阶之下，牢狱之间，观其血肉之淋漓，未尝不鼻酸额蹙为之叹曰："此非尽人之子与！非曩昔依依于父母之怀，恋恋于兄妹之旁者乎？夫岂其皆善于初，而不皆善于今哉！及睹其当疾痛，而声必呼父母；觅相依，而势必先呼兄弟，则又信其善于初者，而未必皆不善于今也已！故今谛思吾侪，能先明孔孟之说，则必将信人性之善，信其善而性灵斯贵矣，贵其灵而躯命斯重矣。兹诚转移之机，当汲汲也。"

【译述】我自从有了功名，开始做官以来，到如今已经是上了五十岁年纪了。据我的观察，五十年来，朝廷中专门讨论修改法律与判例的立法者，是一天比一天严密；制造刑具的工匠，是一天比一天厉害；担任侦讯审理的官员，是一天比一天凶狠。每当我在审判的公堂上或在牢狱之中，看到那些犯人被打得血肉模糊、惨不忍睹的样子，不免心中非常难过，并且叹息道："这些人难道不同样也是由父母生下来的吗？难道他们当初不是依恋在父母的怀抱中，以及兄弟姊妹的身旁吗？难道他们孩提时的善良心地，一到长大了之后，就都变坏了吗？等到我看见他们身受痛苦而呼唤哭号的时候，必定先喊父母；当他们心中恐惧害怕而要寻找依靠的时候，必定先想到自己的兄弟时，我终于相信他们原本善良的心地，现在未必统统都丧失了。所以现在我深觉庆幸的是我辈都能先明白孔孟圣贤的道理，并且由此深信人性本善，唯有人性本善，人的灵魂才值得我们珍贵。灵魂值得珍贵，灵魂寄居的身体才会变得有价值。此处是我们转恶向善的关键，应当小心在意，仔细分辨清楚。"

10. 问："孝弟如何是为仁的本处？"曰："只目下思父母生我，千万辛苦，而未能报得分毫；父母望我千万高远，而未能做得分毫，自然心中悲怆，情难自已，便自然知疼痛，心上疼痛的人，

154

便会满腔皆恻隐，遇物遇人，决肯方便慈惠，周恤溥济，又安有残忍戕贼之私耶！"曰："如此却恐流于兼爱！"曰："子知所恐，却不会流矣。但或心尚残忍，无爱可流焉耳。"

【译述】有人问汝芳道："为什么孝悌是做人的基本呢？"汝芳答道："你只需随时想一想，父母亲生我育我，费了多少辛苦，而却未能报答他们一分一毫；父母亲养我教我，对我的期望有多么高远，而却未能做到多少。这个时候很少有人会不感到难过的吧。心中难过，感恩的心情油然而生，自然会有一种无奈的伤感；心中正在伤感的人，想到自己的难过时，自然便容易对其他人不幸的遭遇产生同情与谅解，发现有人需要别人帮助或安慰的时候，就容易下决心伸出救援的手来，这样根本不可能另外生出残忍陷害别人的念头了。"这人又问："可是这样一来，却恐怕对什么人都一视同仁，少了亲疏远近的分别了。"汝芳答道："你既然知道亲疏远近之别，自然不会流于'兼爱'；就只怕你心中残忍的念头不能消除干净，并没有多少爱心去关怀所有的人呢。"

11. 邸中有以"明镜止水以存心，太山乔岳以立身，青天白日以应事，光风霁月以待人"四句偈于壁者。诸南明指而问曰："哪一语尤为吃紧？"或曰："只首一'明'字！"时方饮茶，先生手持茶杯指示曰："吾侪说'明'，便向壁间纸上去明了，奈何不即此处明耶？"南明怃然。先生曰："试举杯，辄解从口，不向鼻上耳边去，饮已，即置杯盘中，不向盘外，其明如此，天之与我者妙矣哉！"

【译述】汝芳讲舍中，有人题了四句诗在墙壁上，内容大略是："我们日常涵养身心要使它像明镜或静止的水面一样，那么清澄又那么平静；立身处世则要像雄伟的高山一般，顶天立地；处理事情的时候，心态和手段要和青天白日一样的光明磊落；待人接物要温和有礼，使人能够如沐春风。"有位叫诸南明的求学者问道："这四句诗中，哪一句最重要呢？"有人说道："看来只有第一句中那个'明'字最重要了！"这时大家正在喝茶，汝芳于是手中拿着一个茶杯，指点大家道："我们大伙在这里讨论如何使心中的良知锻炼得更'清明'，但是却偏偏说到墙壁上去了，为什么不就现在正在吃茶这件事说呢？"南明听汝芳说了之后有点不好意思，又有点不大高兴，闷声不响地坐在一旁。汝芳于是又说道："各位且试着举杯喝茶，大家一定都会把杯子送到口边去，而不会有人把杯子往鼻子、耳朵送吧？喝完了，一定把杯子顺手放到茶盘里面，不会放出盘子外。各位请看，这是多么直截了当、多么明白的良知良能啊！"

12. 一衲子访先生，临别，先生求教，衲子曰："没得说你官人常有好光景，有好光景，便有不好光景等待。在俺出家人，只这等。"先生顿首以谢。

【译述】一位出家的和尚来拜访汝芳，临别的时候，汝芳向他请求指点一番道理，和尚于是说道："没话讲，你大官人自然心中经常有心领神会、特别顺畅的好时候，但是有这种好时候，也就有不好的时候等着你。可是对出家人来说，永远就是这一副样子。"汝芳点头道谢。

13.耿天台行部至宁国，问耆者以前官之贤否？至先生，耆老曰："此当别论，其贤加于人数等。"曰："吾闻其守时，亦要金钱。"曰："然！"曰："如此恶得贤？"曰："他何曾见得金钱是可爱的！但遇朋友亲戚，所识穷乏，便随手散去。"

【译述】耿天台先生到宁国府巡视的时候，问地方父老，以前在此做事的官员好不好。一个一个问下来，问到汝芳的时候，父老们说道："这位不同于其他人，要另当别论，他可比别人好太多倍了。"耿天台问道："可是我听说他在此做官的时候，不是也会向人要钱吗？"父老答道："不错！"耿天台于是说道："既然他真的向人要钱，怎么可以说他是好官呢？"父老答道："他哪里是因为贪图钱财而向人要钱！只要遇到亲戚朋友或任何人，穷困潦倒、贫病无依的，他就随手将得来的钱送给他们，自己没有留下来一分钱。"

14.先生与诸公请教一僧，僧曰："诸公皆可入道，惟近溪不可。"先生问故。僧曰："载满了！"先生谢之。将别，僧谓诸公曰："此语惟近溪能受，向诸公却不敢进。"

【译述】汝芳与几位朋友一同去拜访一位僧人，这位和尚说道："各位将来都可以得道，只有近溪先生不行。"汝芳问他原因，和尚答道："心里面各种知识塞得太满了！"汝芳于是谢谢他的指点。过了一会儿，大家要告辞回去了，和尚对其他人说道："刚才那句话，只有近溪够资格接受，却不能向各位说。"

15.有学于先生者，性行乖戾，动见辞色。饮食供奉，俱曲从之。居一岁，将归，又索行资，先生给之如数。门人问先生："何故不厌苦此人？"曰："其人暴戾，必多有受其害者，我转之之心胜，故不觉厌苦耳。"

【译述】有位向汝芳求学的学生，性情粗暴，行为怪癖，动不动就发脾气与人争吵。汝芳命人对他的起居饮食各方面都特别照顾，顺着他的心意。待了一年，要回家乡去的时候，又问汝芳要路费，汝芳也照他所说的数目，都给了他。门人问汝芳："为什么对这样一个人您不会感到厌烦呢？"汝芳答道："这人性情暴戾，一定有不少人受过他的气，吃过他的苦头，我只是有心感化他，所以不会觉得厌烦。"

16. 一邻媪以夫在狱，求解于先生，词甚哀苦。先生自嫌数干有司，令在座孝廉解之，售以十金，媪取簪珥为质。既出狱，媪来哀告，夫咎其行贿，署骂不已。先生即取质还之，自贷十金偿孝廉，不使孝廉知也。人谓先生不避干谒，大抵如此。

【译述】一位邻家老妇，因为丈夫被关了起来，特地跑来找汝芳想办法（汝芳在刑部做官），言辞之间显得非常可怜。汝芳觉得自己经常替人向官员说人情，次数多了也不太好，于是就请在座的一位同事帮忙，这位同事表示需"十金"才能够把事情办妥，老妇于是将自己头上戴的一件首饰取下来，当作抵押。不久这位老妇的丈夫果然出狱了，可是她却又跑来向先生哭诉，原来她的丈夫出狱之后，认为她向官吏行贿，非常生气，痛骂不止。汝芳于是将她押在这里的首饰取出还给她，而私下自己拿了"十金"给那位帮忙的同事，并且不让同事知道是自己出的。时人都说先生急人之难，大致上就是指这些情形。

17. 先生过麻城，民舍失火，见火光中有儿在床，先生拾拳石，号于市，出儿者，予金视石。一人受石出儿，石重五两，先生依数予人。其后先生过麻城，人争睹之曰："此救儿罗公也！"

【译述】有一次汝芳经过一个叫作麻城的地方，遇见当地民家失火，他看见火舌中有一个小孩被困在屋中床上，于是捡起一块拳头一般大的石头，大声在街上喊道："谁能救出那个小孩，我就给他一块和这块石头一样重的银子！"有一个人于是自告奋勇，冒险进入火窟，将小孩给救了出来，事情完了，将石头拿来一称，共五两重，汝芳如约将五两银子给了那人。后来有一次汝芳再经过麻城，当地人都争着来看望他，并且说："这位就是救了小孩的罗先生了！"

第八章

甘泉学案

湛若水

　　湛若水，字元明，号甘泉（本学案因此而得名），广东增城人。本来不求闻达，因为受母亲的嘱咐，才入南京国子监读书。上面有长官来视察，教官命同学跪迎，若水以为不合礼而不肯。二十九岁从陈献章游学；四十岁中进士，主考官起先在看到若水的考卷时，大为赞赏，说道："此人必定是白沙门人，否则不会有如此程度。"结果发榜时拆开密封的籍条，果然不错。不久授职翰林院编修。此时王守仁先生在吏部为官，同时不断讲学，若水与他互相应和，结为知己。遇母亲过世，返乡奔丧，庐墓三年。兴建西樵讲堂讲学，士子来求学的，先教学《礼》，然后才准听讲，启发了不少学子。嘉靖初年，入朝为官，上疏世宗说道："陛下亲政不久，左右亲近的宦官侍臣，争相以声色邪说来迷惑圣上的心志，大臣纷纷求去，可说是令天下有道之士寒心。请陛下今后多亲近贤能有德的才志之士，而远离小人，多读书讲学，永葆国运太平昌盛。"后来不断受到重用，历任南京吏部、礼部及兵部的主管。南京一向风俗奢靡，若水特地制定婚丧的规范，导引民风，使变得淳朴。晚年告老退休，直到九十五岁方才去世。

若水平生每到一处新的地方，就会设法筹建书院，一方面兴学，一方面纪念老师陈献章。若水与王守仁当时都在讲学教导后进，阳明讲学宗旨是"致良知"，若水的宗旨是"随处体认天理"，求学者于是分别以王学与湛学各立门户。当时有人居中调停道："'天理'就是'良知'，'体认'就是'致'的意思，没有不同。"若水九十岁还游历南岳，经过江西，王守仁的弟子邹守益正在此地，告诫大家说："甘泉先生最近就要来我们这里了，我们只要尊敬他是前辈先进，凡事尽礼就好，不必多问他什么，更不要轻易有所辩论才好。"可见心中似乎仍有成见。

若水著述及论学书信颇多，现摘录如下：

《求放心篇》

孟子之言求放心，吾疑之。孰疑之？曰：以吾之心而疑之。孰信哉？信吾心而已耳。吾常观吾心于无物之先矣，洞然而虚，昭然而灵。虚者，心之所以生也。灵者，心之所以神也。吾常观吾心于有物之后矣，窒然而塞，愦然而昏。塞者，心之所以死也。昏者，心之所以物也。其虚焉灵焉，非由外来也，其本体也。其塞焉昏焉，非由内往也，欲蔽之也。其本体固在也。一朝而觉焉，蔽者彻，虚而灵者见矣。日月蔽于云，非无日月也。鉴蔽于尘，非无明也。人心蔽于物，非无虚与灵也。心体物而不遗，无内外，无终始，无所放处，亦无所放时，其本体也。当其放于外，何者在内？当其放于前，何者在后？放者一心，求者又一心，以心求心，只益乱耳。

【译述】通常人们喜欢过轻松的生活，而不能忍受严格精进的锻炼。其实我们每个人，都具有向上求好的心，只是往往守不住，一不注意就丧失了这种天性，而将上进求好的心放逸到外面去了。所以孟子曾经教人要"求放心"，就是随时反省，一察觉有偷懒的念头就赶快克制，不要让本心给放失了。对于这一点我有些怀疑。为什么呢？因为我根据对我自身内心的省察，觉得孟子这种说法还不太完全。我经常在没有事情、不与外界事物接触而内心平静的时候，观察我的内心，可以说是清明通达，有条有理，任何道理与标准都能分得清清楚楚。可是一到跟外物接触，处理事情时，内心中就开始显得念头太多，拿不定主意，而且往往不能坚持原则去做事了。这种内心中的清明通达，并不是我们出生之后才学得的，而是与生俱来，原本就具备的能力。而患得患失，不能坚守原则，是因为我们的欲望暂时遮蔽了内心的清明，并不是上进求好的本心真的没有了。只要一旦醒悟过来，移去了遮蔽物，本心的清明将又显现出来。其实这种情形就像乌云遮住了日月的光芒，我们不能说这样就没有日月了，而只是暂时看不见日月罢了。镜子被尘埃蒙住了，不能说镜子不再具备照东西的用处，只是一时弄脏了而已。人们清明的本心被物欲遮蔽了，也不是说他本来的良知都没有了，只是暂时不发挥作用罢了。人心的作用原本广大无边，万事万物的道理它都具备。我们必须仔细考虑一下：当本心为外在物欲迷失的时候，在内心中是否有一个声音在呼唤着它，叫它回头？当它荒唐糊涂过后，醒来时，内心中所留存的又是什么？所以孟子说放失是一种心，上进求好又是一种心，用这种心去寻找那种心，只不过将本心弄得更乱罢了。

《论学书信集》

1. 夫学以立志为先，以知本为要，不知本而能立志者，未之有也。立志而不知本者，有之矣，非真志也。志立而知本焉，其于圣学思过半矣。夫学问思辨，所以知本也，知本则志立，志立则心不放，心不放则性可复，性复则分定，分定则于忧怒之来无所累，于心性无累，斯无事矣。

【译述】求学的人首先要下定决心，终身追求不止，然后要真正懂得人活着的生命意义。不知生命的意义而能终身追求不懈的人，是不曾有过的。纵然表面上好像有，那也不会真正追求到底。真正能懂得自身的生命意义，又能终身追求的人，他的程度大概与圣贤的智慧已经相差不远了吧。多学多问，仔细思考，清晰辨别，是去了解生命意义的重要方法；明了生命的意义，才有可能终身努力追求；一个终身努力追求生命的人，他的内心一定经常都保持专一；能够专一的人，他的善良本性大都能尽量呈现出来；善良的本性能够呈现出来，则对于一切命运所安排的吉凶祸福，就容易泰然处之。这样一来，令人忧伤愤怒的事情就都不会扰乱了他；心境能不被扰乱而经常保持平静，那世上再也没有什么会令人痛苦的事了。

2.“执事敬”最是切要，彻上彻下，一了百了。致知涵养，此其地也。所谓致知涵养者，察见天理而存之也，非二事也。

【译述】“处理任何一件事情都会把整个心思全放在这一件事情上面”，这是修养德行最为紧要的功夫，真能做到这样，那么每件事都是天理呈现了。“致知与涵养”的功夫都要能如此才好。但是所谓“致知”与“涵养”，就是明察天理，然后努力实践，是一回事，而不是两回事。

《语录》

一友问：“何谓天理？”冲答曰：“能戒慎恐惧者，天理也。”友云：“戒慎恐惧是工夫。”冲曰：“不有工夫，如何得见天理？！”故戒慎恐惧者，工夫也；能戒慎恐惧者，天理之萌动也。循此戒慎恐惧之心，勿忘勿助而认之，则天理见矣！熟焉，即无往而非天理也，故虽谓戒慎恐惧为天理，可也。今或不实下戒慎不睹，恐惧不闻之切，而直欲窥见天理，是之谓先获后难，即此便是私意遮蔽，乌乎得见天理耶？

【译述】一位友人问道："什么是天理？"周冲回答道："对任何事情都能够心中长存戒慎恐惧的诚敬之念就是天理。"友人说道："心中长存诚敬，只是修养的功夫吧？"周冲答道："没有下功夫努力修养实践，又怎么能够得见天理呢？"由此可见，心中常存有诚敬之念，是功夫没错，但是能够使人经常在心中兴起诚敬之念的，却正是本于天理而人人心中自有的善良本性，发挥了作用。依循着这种诚敬的心，实实在在地去每一件事物上体认，就会发现每一件事物中都自然有合于天理的地方。久了以后，养成习惯，面对任何事物，就都能够依循天理去处理它了。所以说它既是功夫，又是天理也是可以的。如今有些人，不肯实实在在下功夫，想要贪便宜，走捷径，一步登天，直接体认到天理，那是想要有收获又怕难的人，这正好是良知被私意遮蔽了，又怎能够见到天理呢！

第九章

东林学案

顾宪成

顾宪成，字叔时，别号泾阳先生，江苏无锡人，父亲顾学，生有四子，宪成排行第三。十岁那年，宪成读了唐代大文学家韩愈的文章——《讳辩》，内容是说明避讳的真义（从前的人，比如儿子对父亲、臣子对君王，为了表示尊敬，不但不敢直接称呼他们的名字，甚至在写文章的时候，遇到要用和他们名字相同的字的时候，都故意换一个声音相同或近似的字来代替，这就叫作避讳），于是从此想尽办法，总要避免用到父亲的名字，遇到无法用其他字代替的时候，就闷闷不乐。父亲于是劝解他说："从前有一位韩咸安王，他的名字里面有个'忠'字，于是他就命他的儿子不要避讳这个'忠'字，意思是希望儿子不要忘了'忠'。现在我的名字叫作'学'，你避免用'学'这个字，我怕你习惯了之后，就忘了'学'了。"宪成听了恍然大悟，从此努力向学。

十五岁左右，宪成跟张原洛先生读书。张先生讲课，不拘泥于古人既有的注解，多半根据自己的心得来教，宪成听讲之后，也常常有所领会。有一天讲到《孟子》中的一段话，大意是说：

"要培养一个人的良知，最好的方法就是降低自己的欲望。"宪成听了之后却认为："要减少一个人的欲望，最好的办法就是从培养内心的良知做起。"老师听了说道："如果读书只是为了考试做官，想来这样的学问也不能满足你的天才和要求，为了不耽误你的前途发展，我看你还是去薛方山先生门下求教吧。"果然，薛方山见了宪成之后，非常喜欢，给他一本《考亭渊源录》，说道："宋代大儒朱熹以下，一直到本朝王阳明先生为止，儒学的精华都在这本书中，你好好拿去仔细研究吧。"

二十七岁那年，宪成得乡试第一名，三十一岁中进士，任职户部主事（财政部）。此时明代大政治家张居正当权，有一天他生了病，文武百官都一同为他求神祈祷，宪成认为是迷信，不愿参加，有人替他在探病来宾名册中代签了名，他知道之后，立刻前去把它划掉。

明代自严嵩当政掌理内阁大权以来，就将吏、户、礼、兵、刑、工六部的权限统收于宰相的手中，因此往往有只任用私人，而不顾才干品德是否优良的情形发生，宪成也曾碰见这种事情，即经常发动社会上的舆论，予以反对纠正，所以，有一天内阁有人故意问宪成："最近有一些奇怪的事情，不知道你晓不晓得？"宪成回答道："我不知道啊！是什么事情呢？"那人于是说："近来只要内阁认为是对的事情，外边舆论界一定认为不对。相反，内阁认为不对的事情，舆论反而都认为是应当的，你说奇怪不奇怪？"宪成听了笑了笑，反问："最近外边也有一些奇怪的事情，不知道你清不清楚，只要是一般人认为正确而应当做的事情，内阁一定认为是错了，百姓们认为不该做的，内阁却偏偏以为是对的，必定要施行，你说这奇怪不奇怪？"于是两人互相大笑而不再多说了。

这个时候，君子大都不得志，宪成也因为得罪当权人物而遭排挤，被削为平民，回返故乡。明神宗万历二十六年（1598 年），宪成四十九岁，与人会商，准备重修宋代大儒杨时在无锡讲学的东林学院（本学案因此得名），并得到常州知府欧阳东凤和无锡知县林宰的资助，万历三十二年（1604 年）落成，于是大会四方有志向上的读书人，讲学其中，一切制度都依照白鹿洞学规办理。一时闻风而起的有毗陵的经正堂、金沙的志矩堂、荆溪的明道书院及虞山的文学书院，都纷纷前来东林，请宪成到他们那里讲学。

论学，注重对社会要有贡献，宪成曾经说："现在读书人在朝中做官，享受富贵，却不把心思放在帮助君主、替君主分忧的事情上；派到外地做官，却不照顾民间老百姓的生活疾苦；不做官了，在山明水秀的地方休养，三三两两聚在一起，整天谈道德、讲生命，却不管世道人心究竟如何，读书人变成这样子，就算他才干多大，真正的君子也是不齿这种行为的。"所以讲学中，他经常衡量当时各种人物，批评朝政，提出许多改革的建议和主张，希望借着舆论的力量，影响朝廷中决策层的思想与做法。天下君子都以"为民喉舌"的清名归于东林书院，可是朝廷却也在此时开始对他们有点害怕，又有点嫉恨了。后来终于因为批评得太厉害，惹火了当朝权贵而遭到全面禁止和逮捕，不少人还因此丧失了性命。

万历四十年（1612年），宪成逝世，享年六十三岁。宪成一生，对于当时求学者们总是喜欢走捷径、不踏实、希望一步登天的风气深为忧虑，所以当求学者自称不用思考、不用努力，只要当下一念觉悟，就能成就大道的时候，他总是命他们仔细想一想这些话的本源，真的是从自己生命中彻底反省得来的心得呢，还是随便从别人那里听来的？另外再从实际上去考虑一下，当我们真正遇到痛苦、挫折，或是欲望诱惑的时候，是不是真的能够忍耐得过去？如果这两点都做不到，那么说些大话不但无益，反而会害死自己。

现在就摘录一些宪成的著作在后面：

《小心斋札记》

1. 勿谓今人不如古人，自立而已！勿谓人心不如我心，自尽而已！董仲舒曰："仲尼之门，五尺童子，羞称五霸。"此意最见得好，三千、七十，其间品格之殊，至于倍蓰，只一段心事，个个光明，提着权谋术数，便觉忸怩，自然不肯齿及他非，故摈而绝之也。

【译述】我们求学的人不要自暴自弃，总是认为现代人的品德学问及不上古代人，只有自己努力上进，才是自救的根本办法。另外也不要骄傲，认为自己已经尝到生命中真理的滋味了，而别人却还不知道。只要自己彻底发挥生命的潜力就好，不必去和人家争强比高下。汉朝儒家学者董仲舒说过这样一段话："孔子家中，哪怕是一个小小孩童，也不愿意称道当时那些称王称霸的诸侯。"这句话真的很有见地。要知道虽然孔子门徒三千，其中却只有七十二名特别有成就，品格相差很多，可是因为久在圣人门下接受熏陶，个个心中光明磊落，却是一样的。所以只要一提到那些霸道的诸侯们彼此之间用心机、使权谋的事情，就觉得不对劲，不是正大光明的君子之道，所以不肯多谈，倒也不是故意要排斥那些人走向正道的机会。

2. 一日游观音寺，见男女载道。余谓季时曰："即此可以辨儒佛已，凡诸所以为此者，一片祸福心耳，未见有为祸福而求诸吾圣人者也。佛氏何尝邀之使来，吾圣人何尝拒之使去；佛氏何尝专言祸福，吾圣人何尝讳言祸福，就中体勘，其间必有一段真精神，迥然不同处。"季时曰："此特愚夫愚妇之所为耳，有识者必不然！"曰："感至于愚夫愚妇而后其为感也真，应至于愚夫愚妇而后其为应也真。真之为言也，纯乎天而人不与焉者也，研究到此，一丝莫遁矣。"

【译述】宪成有一天去参观观音寺，沿路只见前来烧香的男女信徒，源源不绝，于是对同行的弟弟季时说："从这一点就可以看出儒家和佛家的不同。现在这许多来烧香的人，绝大多数都是来求问吉凶祸福的，可是我们却很少看见有人为了要问吉凶祸福而去找儒家学者。其实佛陀又何尝主动去邀请这些人来呢？同样的，儒家的圣人也没有故意排斥这些人。佛陀说法，不是全讲吉凶祸福，同样的，圣人也不是绝对不谈。所以从这里面仔细体会，就可以知道儒佛两家之间必定有一种真精神。"季时回答道："这些只不过是老百姓无知罢了，有见识的人一定不会这样做的。"宪成接着说道："就是要连一般老百姓也能够感动，这种感动才是真实的；就是要连一般老百姓也能够接受，这种接受才没有虚伪。所谓真实而没有虚伪，就是指一切思想行为全依照自然法则和心中的良知去做，不再加上一丝一毫的人欲进去，能够研究分辨到这个地步，再没有任何值得犹疑不决的事了。"

3. "知"谓识其事之当然，"觉"谓悟其理之所以然。

【译述】我们常说人有"知觉"，所谓"知"是说知道某件事情应该怎样做，"觉"是指领悟这件事之所以必须这样去做的原因。比方说我们都"知道"应该遵守交通规则，后来才"觉悟"这样做可以保障大家的生命安全。

4. 人身之生死，有形者也；人心之生死，无形者也。众人见有形之生死，不见无形之生死，故常以有形者为主；圣贤见无形之生死，不见有形之生死，故常以无形者为主。

【译述】每个人的肉体总有死亡的时候，这种生生死死是眼睛看得到的，所以是有形的。另外每个人的心灵，如果不再具有灵感，不再追求理想，那么我们说这颗心就像是死了一般，而这种类似于死亡的萎靡不振，眼睛通常是看不出来的，所以是无形的。一般人只看得见肉体的生死，而看不见心灵的生死，所以常把肉体有形的生死，看作是生命中的第一等大事；而圣贤却只见心灵的生死，而不太去注意肉体的生死，所以才把心灵无形的生死，看作是生命中最重要的大事。

5.迩来讲《识仁说》者，多失其意。"仁者浑然与物同体，义礼智信皆仁也"，此全提也！今也于"浑然与物同体"，则悉意举扬，于"义礼智信皆仁也"，则草草放过。"识得仁体，以诚敬存之而已，不须防检，不须穷索"，此全提也。今也于"不须防检，不须穷索"，则悉意举扬，于"诚敬存之"，则草草放过。若是者非半提而何？既于"义礼智信"放过，即所谓"浑然与物同体"者，亦只窥见笼统意思而已；既于"诚敬存之"放过，即所谓"不须防检穷索"者，亦只窥见脱洒意思而已！是并其半而失之也！

【译述】宋代大儒程颢有一篇著名的论文叫作《识仁篇》，近来有不少求学者时常在讨论中谈到，可是谈的人虽多，大部分都不得要领，失去了原作者的宗旨。原著上有两段话，其中一段大意是说："真正以仁爱为怀的人，将他充沛的情感投注给宇宙万物，不论是人物、鸟兽、花草树木，甚至山川，都表示了他的关切，所以他自己与自然万物实在已经同为一体了。以仁爱为怀的人究竟怎样才具有这样充沛的情感呢？那是他的生命中，具备了正直、规律、智慧与诚实这几种美德的缘故。"这一整段话是要前后连贯在一起读的，前面一部分说明了仁者的境界，后面一部分说明了仁者所下的功夫与必须具备的美德。然而现在求学者们却只对前面说明仁者境界的那部分大谈特谈，说得天花乱坠，就好像自己已经是"仁者"了，而对于后面谈修养美德的部分，随随便便就放了过去，不去仔细研究力行。还有一段的大意是说："明白了以仁爱为怀的人，所必须具备的修养功夫与美德之后，就应该随时随地以一颗虔诚、专一的心去培养锻炼，等到一切纯熟，习惯成自然之后，就不必每天战战兢兢，刻意地去预防心中的邪念和苦求各种事物的道理了。"这一段话也是要前后连贯在一起读才行。可是现在求学者们也是对于前面谈培养锻炼的话，轻易地忽略过去，却对后面当习惯成自然，一切纯熟后的不需预防、不需苦求的境界，大事宣扬。像这种不顾功夫、不务根本，而只谈境界的情形，正好暴露出这些人浅薄的一面。其实对于正直、规律、智慧、诚实等美德不注重的人，他们所谈论的"与自然同为一体"的境界，也只不过是望文生义罢了，自身何尝真正有过那样的境界呢。既然不把实际锻炼的功夫放在心上，那么说"不需预防，不需苦求"也只不过是故作潇洒罢了，最后什么也得不到。

6. 康斋《日录》有曰："君子常常吃亏方做得。"览之惕然有省。于是思之曰："夫子之道，忠恕而已矣。忠恕之道，吃亏而已矣。颜子之道，不校而已矣。不校之道，吃亏而已矣。孟子之道，自反而已矣。自反之道，吃亏而已矣。"

【译述】吴康斋先生在他的《日录》里面有一句话："要做一个君子，必须能够忍受各种现实中的挫折与打击。"看了这句话之后，我心中有很深的感受，于是想："孔子追求生命智慧的方法，主要是对自身诚实不自欺，然后尽量包容一切，这种诚实不自欺，包容一切的胸襟，就是忍耐一切的意思。颜回追求生命智慧，主要是不计较、不记恨，要能不计较、不记恨，也是必须忍受一切。还有孟子，他主要是自我反省，要能自我反省，一定也必须先能容忍。可见容忍是每个人追求生命智慧、过道德生活的必备基础。"

7. 史际明曰："天下有君子、有小人。君子在位，其不能容小人，宜也；至于并常人而亦不能容焉，彼且退而附于小人，而君子穷矣！小人在位，其不能容君子，宜也；至于并常人而亦不能容焉，彼且进而附于君子，而小人穷矣！"

【译述】史际明先生曾经说过："世界上有些人是君子，有些人是小人。当君子得志、当权执政的时候，他不能容忍小人作怪，是很正常的现象，可是如果君子自大自傲起来，连别人的意见也不能接受，一切都自作主张，那么将会逼得别人倒向花言巧语的小人那边去，而使得君子没了助手，最后终于遭到挫折。同样的，当小人得志、当权执政的时候，他不能容忍君子的指责与批评，也是很正常的现象，可是如果小人一旦得意起来，胡作非为，什么人都不放在眼里，对别人善意的建议与劝告都听不进的话，也将会逼使别人投向君子的阵营，让小人孤立起来，最后终于失败。"

《商语》

丁长孺曰："圣贤无讨便宜的学问。学者若跳不出'安饱'二字，犹妄意插脚道中，此讨便宜的学问也。"

【译述】丁长孺曾经说过："要学圣贤一样，追求无上智慧，就必须按部就班，循序渐进，并且终生追求到底，不可再对现实有任何希求。求学者如果有心追求圣贤这样崇高的理想，却又每天挂念一己的温饱，想要找个安稳的职业做依靠，这就是一种讨便宜、图侥幸的心理在作怪。"

《当下绎》

平居无事，不见可喜，不见可嗔，不见可疑，不见可骇，行则行，住则住，坐则坐，卧则卧，即众人与圣人何异？！至遇富贵，鲜不为之充诎矣！遇贫贱，鲜不为之陨获矣！过造次，鲜不为之扰乱矣！遇颠沛，鲜不为之屈挠矣！然则富贵一关也，贫贱一关也，造次一关也，颠沛一关也，到此直令人肝腑具呈，手足尽露，有非声音笑貌所能勉强支吾者。故就源头上看，必其无终食之间违仁，然后能于富贵、贫贱、造次、颠沛，处之如一；就关头上看，必其能于富贵、贫贱、造次、颠沛，处之如一，然后算得无终食之间违仁耳！

【译述】平日家居没什么大事情发生时，每个人的心情大都很平常，没有什么特别值得高兴、气愤、怀疑或恐惧的情绪产生，于是行、住、坐、卧这些生活上的细节，一般人和圣人比较起来，也都大致相同，没什么差别。可是一旦遇到有什么荣华富贵临头的时候，却很少有人能够不喜欢并失掉节操；遇到贫贱的时候，也很少有人能够不被得失利害打动心的。紧急关头，难免手忙脚乱，心中无主；危难挫折时，难免就因此而妥协了。照这样看来，富贵、贫贱、紧急、危难，每一样都是人生的关口，只有真正面临这些难关时，人的真面目、真德行才会原原本本地呈现出来，再也没法子像平日没事的时候一样，可以装假骗人，蒙混一下过去就算了。所以从一个人内心最深处去看，必须能够做到没有片刻时间违背自己的良知本性，然后才有可能在遇到这些关口的时候，和平常一样地去应付它们；同样的，必须在这些关口上都把持住自己的节操，才能说这个人时刻不离自己的良知。

【注释】

① "白鹿洞书院"设在庐山白鹿洞中，五代南唐时建立。宋代大儒朱熹曾讲学于此，并订立学规让求学者遵守：

五教之目：父子有亲；君臣有义；夫妇有别；长幼有序；朋友有信。

为学之要：博学之；审问之；慎思之；明辨之；笃行之。

修身之要：言忠信；行笃敬；惩忿窒欲；迁善改过。

处事之要：正其谊不谋其利；明其道不计其功。

接物之要：己所不欲，勿施于人；行有不得，反求诸己。

高攀龙

　　高攀龙，字存之，江苏无锡人，生于明世宗嘉靖四十一年（1562年），求学者称他景逸先生，二十八岁中进士。因得罪当朝大臣被贬官到揭阳，半年之后才被放归。于是与顾宪成合力兴复东林书院，讲学其中，每月三天，远近闻名而来的求学者有好几百人。攀龙认为社会要安定，国家要富强，必须使社会上是非标准都正确地建立起来才行。一般小人因为攀龙经常揭发他们所做的不法恶事，都很恨他。同时朝廷中，因为攀龙等人不断批评政府施政的得失，对攀龙等人也是又恨又怕，甚至到了后来，朝廷中只要有人办一件合乎正义的事，说一番合乎正义的话，不管他是谁，统统将他归为"东林党人"。

　　攀龙在民间隐居讲学了二十八年之后，又被朝廷征召，出来做官，因不满宦官魏忠贤乱政，于是又辞职回家。后来因为被牵入"明末三大案"（梃击案、红丸案、移宫案）中的"移宫案"，而被削为平民，并且朝中对攀龙怀恨在心的人，乘机落井下石，一并将东林书院也给取缔了。第二年正式宣布东林党人为叛逆，加以逮捕，攀龙因为不愿被捕受辱，于是留下一封遗书给当时的皇帝明熹宗后，便在夜半投水自尽。遗书内容大略是说："臣虽然被贬为平民，但是过去总算是朝廷大臣，一个国家的大臣受到侮辱，其实等于这整个国家都被侮辱了一样，所以在此向您叩头告别，因为我就要效法屈原的精神去了，只是君王的深恩还没有报答，只好等来生再报了。"享年六十五岁。

梃击的案子发生在万历四十三年（1615 年）五月初四。有一个名叫张差的汉子，手中拿了木棍，闯进皇太子所住的慈庆宫，打伤守门的宦官李鉴，走近大殿廊檐，被捕。御史刘廷元审了他，向神宗奏报："虽张差有狡猾的面孔，但在行动上却是一个疯子，没有什么政治作用。"提牢主事王之寀，私下探询张差的口气，查出他是受了"马三舅"与"李外父"的指使，从家乡蓟州来到京师，随了一个老公公走进另一个老公公的大房子，并在那吃饭。这第二个老公公给他一根木棍，领他进了宫，叫他逢人便打死，事成以后赏几亩地给他。于是王之寀便报告侍郎陆问达，托陆代奏神宗。

礼部尚书兼东阁大学士方从哲认为王之寀胡说。御史过庭训主张赶快把张差杀了（以免露出真相）。过庭训并且行文张差原籍的地方官，调查张差得疯病的经过。果然蓟州知州戚延龄回了文来，说明了张差得疯病的原因。

刑部举行了一次"十三司会审"，十三个司的司官都出庭。

张差供出：马三舅是马三道，李外父是李守才，第一个老公公是庞保，第二个老公公是张成。另外，还有一个姐夫，姓孔名道，也是同谋。他的任务并不是"逢人便打死"，而是专打"小爷"。（"小爷"，在老公公们的口语中是皇太子）。

案情揭露到如此程度，一切无可掩饰。张成是郑贵妃的侍者，以前已经有一次犯了诅咒皇太子的嫌疑。郑贵妃想把自己的儿子朱常洵立为皇太子，在皇长子朱常洛被立为太子以后，她的儿子虽被立为福王，但她并不甘心，开始时留福王在京城，不让他到洛阳去就封，后来就鬼鬼祟祟，要害死常洛，以便把福王常洵迎回来，入继大统。

糊涂的神宗硬要袒护郑贵妃，把天大的案子放在自己的肩上。他召见方从哲与朝中文武诸臣，破口大骂，说他们意在离间皇帝与太子之间的感情。其实，哪里有人说他神宗是谋杀太子的主犯呢？没出息的太子常洛，这时候站在神宗的旁边，也顺嘴向文武诸臣申斥："我父子何等亲爱，而外廷议论纷如。尔等为无君之臣，使我为不孝之子。"

结果，张差仍以"疯癫之人"冒犯宫禁罪名，被凌迟处死，马三道与李守才、孔道被从轻发落，充军了事。老公公庞保与张成在宫里被皇帝秘密杀死灭口。郑贵妃依然住在乾清宫陪伴神宗，好像不曾有过梃击的案子一样。

红丸的案子，发生在万历四十八年（1620年）八月二十九日。

朱常洛在八月初一即位，改次年为泰昌元年。他在位仅二十九天，死后谥为光宗。在明朝的皇帝里面，他是在位时间最短的一个，不能有所建树，原无足怪，但是就他短短一个月的表现而论，即使他在位二十年、三十年，也必一无所成。

他即位第五天时，便得了病。这病可能是腹泻或痢疾，然而腹泻痢疾之所以能致他于死，主要的原因却是起居无节。他原已宠了两个"选侍"，均姓李，称为东李、西李。西李比起东李来，更加受宠。郑贵妃为了笼络他，一举而送他四个美人，他都收了。这四个美人，加上二李，便要了他的命。

从八月初五日病起，病到二十九日，病重。（在初五日吃宦官崔文升的药，吃了以后，一天一夜要大便三四十次。）鸿胪寺丞李可灼献上一颗红丸，他吃了，获得暂时的安睡，黄昏时睡醒了，再吃一颗，睡到半夜，去世，享寿三十九岁。

方从哲要用皇太子（熹宗）的名义，赏李可灼五十两银子。御史王安舜提出抗议："只不过借此一举，塞外廷议论也。"方从哲吓得缩了回去，把赏银子的原拟，改为"罚俸一年"。

这么一来，朝廷的议论与民间的谣言更多。方从哲又只得用圣旨勒令李可灼回家养病（免职）。

西李姓李，李可灼也姓李。西李与神宗的郑贵妃一向很亲近，而郑贵妃在梃击一案中早就有了嫌疑。用红丸把光宗弄死，莫非是为了要把福王常洵从洛阳请回来当皇帝？

郑贵妃本人，确也太不避嫌。在光宗未死以前，她向光宗建议立西李为皇后，西李也向光宗建议尊她（郑贵妃）为太后。这很像是她准备以"皇太后"的资格垂帘听政，甚至演出废君立君的把戏来。光宗也竟然扶病朝见群臣，假传神宗遗命，催大家快制定尊封皇太后的礼仪，礼部侍郎孙如游表示反对，认为要封也该先追封光宗自己的生母王贵妃，不该先封郑贵妃，此事才作罢。

移宫的案子发生在光宗死后的次日，亦即万历四十八年（1620年）九月初二日。（这一年，由于光宗等不到次年改元便死，群臣议定：八月以后，改称泰昌元年，以为纪念。次年，原定为泰昌元年，改称为天启元年。）

光宗既死，照规矩西李应该搬出乾清宫，让新任的皇帝住，然而她没有搬。熹宗仍旧住在慈庆宫。她还叫太监把群臣的奏疏先送给她看，再拿到慈庆宫给熹宗看。

大学士刘一燝、吏部尚书周嘉谟、兵科都给事中杨涟，还有御史左光斗，在九月初二向皇长子（熹宗）上奏：请选侍（西李）移宫。左光斗在奏中说："选侍既非嫡母（皇后），又非生母，俨然尊居正宫，而殿下乃退处慈庆，不得守几筵，行大礼，名分谓何？选侍事先皇，无脱簪戒旦之德（没有为皇上分忧），于殿下无拊摩养育之恩，此其人岂可以托圣躬者？且殿下春秋十六龄矣，内辅以忠直老成，外辅以公孤卿贰（朝廷大官），何处乏人，尚需乳哺而襁负之哉？况睿哲初开，正宜不见可欲（正好刚到懂事

186

的年龄，最好少接触会诱惑人的东西，如女色等）。何必托于妇人女子之手？及今不早断决，将借抚养之名，行专制之实。武氏（武则天）之祸，再见于今，将来有不忍言者！"

西李看到了这本奏疏，派宦官叫左光斗进宫，准备当面予以重罚。左光斗抗命说："我是天子的官，只有天子能召见我。你们是干什么的？"西李又派宦官叫熹宗来乾清宫，商量处罚左光斗的事。熹宗这小孩子此时精灵得很，不肯去；却也叫宦官把左光斗的奏疏拿来看，看罢，很欣赏，居然把奏疏批交内阁。到了初五，内阁再催，熹宗便批令西李移宫。西李只得遵办，搬到仁寿殿去。

初六，熹宗正式登基，受群臣朝拜以后，摆驾回宫，所回的便是乾清宫，而不是慈庆宫了。

熹宗下旨，叫西李搬出仁寿殿，到宫女养老的哕鸾宫里去住。随即特下一敕，痛数西李的罪：（一）初一日光宗去世，群臣哭临，请求朝见，西李却把他留在暖阁，不许出来；司礼太监王安固请，才许。出来不远，西李又叫李进忠（魏忠贤本来的名字，魏忠贤本是河间府肃宁县的一个无赖，赌输了钱，被债主逼得无路可走，而自己动手术，进宫当了宦官。他原姓魏，改姓了李，取名进忠，叫作"李进忠"）等再三喊他回去。最后，出来了，西李仍叫人吩咐他，不可到文华殿。（二）他自己的生母是西李打死的〔死在万历四十三年（1615年）七月〕。

谁料，四年以后，这熹宗像变了一个人，竟然听了魏忠贤的话，封西李为康妃。次年，天启五年，他又把杨涟、左光斗等逮捕下狱，杨涟、左光斗等死得不明不白。不久，他又让魏忠贤颁布"三朝要典"，颠倒三大案的是非。

作者按：本注所叙述的明末三大案，录自黎东方先生著《细说明朝》一书第 379 — 384 页。（传记文学出版社，1977 年 10 月 1 日出版。）

《语录》

1. 人心之灵，莫不有知，良知也；因其已知而益穷之，至乎其极，致良知也。

【译述】人的心灵中，本自具有分辨善恶的能力，这种天生的能力就是良知；而就已有的良知，加以彻底地发挥，及于生活中每一件事物，才是实现良知的人。

2. 学者无穷工夫，心之一字，乃大总括；心有无穷工夫，敬之一字，乃大总括。

【译述】求学做人有许多方法与步骤，然而不论什么方法，最后都必须归到人的心灵问题；要能呈现人心灵中的良知，也有许多方法，然而必须要能虔敬才有效。

3. 心无一事之为敬。

【译述】如果我们每天处理许多事情的时候，能够使心中不被利害得失所困扰，不会患得患失，这就表示心中有定力，能完全专注在公理正义上了。

4. 人心放他自由不得。

【译述】由于自己的定力不够，欲望的诱惑又多又大，每天虽然时时刻刻提醒自己，不要放逸，却还难免有犯错的时候，更不用说让心意放松一下了。

5. 理不明，故心不静，心不静而别为法以寄其心者，皆害心者也。人心战战兢兢，故坦坦荡荡。何也？以心中无事也。试想临深渊、履薄冰，此时心中还着得一事否？

【译述】由于心中对许多道理不能明白，所以遇到有事的时候，心中便会犹疑、困扰，甚至因此而产生恐惧，这种心情上的不宁静，如果不从明了事理上去研究解决，却只知道用心机、耍手段，想要把事情应付过去，或者逃避问题，不敢面对事实，这些办法，都是在伤害自己的良心。人心唯有小心谨慎地全部专注在实现天理这回事上，才会真正得到平安、宁静，胸襟才会开阔，没有困扰。因为只有心中充满天理，凡事依天理去做，良心上过得去，利害得失就不会纠缠人了。我们不妨想一想：当我们小心谨慎，就像是面临悬崖深渊，或者走在薄冰上，随时有冰裂落水的可能时，那时心中还能存有任何杂念吗？

6. 须知动心最可耻，心至贵也，物至贱也，奈何贵为贱役？

【译述】我们必须知道，被世俗事物所诱惑，而动摇了追求理想的决心与意志，这是读书人最可耻的事。因为人的灵魂是最可贵的，现实中的诱惑是最低俗的，为什么要让可贵的灵魂被现实的诱惑所控制呢？

7. 龟山曰："天理即所谓命，知命即事事循天理而已！"言命者惟此语最尽，其实无一事，不要惹事。

【译述】宋代大儒杨时（龟山是杨时的字号）曾经说过："其实天理就是一般人说的命，只要每一件事都循着天理认真去做，这样的人就可称为知命了。"所有曾经听人谈过的有关"命"的理论，以这一句最彻底、最有见地。其实人生中一切命里注定的事，都有天理蕴涵其中，只要我们能发现真理，照着去做，不要自作聪明，一切都会妥当的。

8. 人想到死去一物无有，万念自然撇脱；然不如悟到性上一物无有，万念自无系累也。

【译述】当我们想到人死了之后，再没有任何现实中的事物可以掌握而据为己有的时候，心中一切计较的念头，自然容易放下；然而这种想法，虽然已经算得上看得开了，可是还不如领悟到人生本来就没有什么好计较的，一切依循天理而行，心中自然可以没有任何牵挂。

9. 政事本于人才，舍人才而言政者，必无政；财用本于政事，舍政事而言财者，必无财。

【译述】一个国家的政治是否清明，行政是否有效率，要看这个政府所任用的官员是不是人才。治理国政没有或者不用真正的人才，必定没有良好的政绩。一个国家的财政是否充裕，要看这个国家政治上的各种制度是否完善，要想有充裕的财政经费，却没有上轨道的制度来配合，一定是不成的。

10. 有问钱绪山曰："阳明先生择才，始终得其用，何术而能然？"绪山曰："吾师用人，不专取其才，而先信其心，其心可托，其才自为我用。世人喜用人之才，而不察其心，其才止足以自利其身已矣，故无成功。"愚谓此言是用才之诀也，然人之心地不明，如何察得人心术？

【译述】有人问钱德洪（绪山是钱德洪的字）道："令师王阳明先生要用人办事的时候，总能很适当地挑选出才干足以担当所需任务的人，不知他是用的什么方法？"钱德洪答道："我的老师任用一个人的时候，不仅仅看他有没有才干，更要看他的心术正不正。要这个人的品德优良，心术端正，才干也具备，这才用他。现在社会上一般人用人的时候，只看要用的人才干够不够，而不管他的品行好不好，结果这个人才干是够了，可是品行不良，往往只会用自己的才干，为自己私人图利，而误了公事。"我认为这番话真是任用人的秘诀。然而更重要的一点是：如果自身对人性没有透彻的了悟，又如何去判断一个人的心术是不是端正呢？

11. 人不患无才，识进则才进；不患无量，见大则量大，皆得之于学也。

【译述】人不怕没有才干，只要学识一天天能进步，才干自然也会逐渐增进的；也不要怕气量不够，见识愈广，度量自然也能愈大，而这些都要靠我们自身勤奋地去学习才能达成。

《劄记》

1. 心无出入，所持者志也。

【译述】心意能够不轻易地随着世俗的看法而改变，不会见异思迁，这都要靠自身坚守自己的理想与志向才能做到。

2.《易》之本体只是一"生"字，工夫只是一"惧"字。

【译述】《易经》的根本主旨，在指出人应该效法大自然不休止的运行，而在生命中借着不断的创造过程，将一切现实中死亡的阴影给扫除掉。而要能够不断地激发生命中的创造力，主要要靠自身能在看透一切现实与人性的意义之后，对现实的彻底绝望与舍弃。

《说类》

1.古人何故最重名节？只为自家本色，原来冰清玉洁，着不得些子污秽，才些子污秽，自家便不安，此不安之心，正是原来本色，所谓道也。

【译述】古人非常爱惜自己的名誉，为什么会这样呢？只因为古人体会到人自身的本性，原来是光明磊落，就像水晶一样清净，像玉石一样洁白，不带有任何罪恶，所以只要犯有一点儿过失，就感觉不再是完美的了，于是心中便会不安起来。而这种要求彻底完美的心意，也就是从光明的本性所发出来的，也是一切智慧的根源。

2. 真放下乃真操存，真操存乃真放下。心存诚敬，至于死生不动，更有何物不放下耶？本体本无可拈，圣人姑拈一"善"字；工夫极有多方，圣人为拈一"敬"字。

【译述】真的能够舍弃一切现实，才有可能追求生命理想；同样的，也只有真正全心全意专注在自身生命问题的彻底解决上，才有可能放弃一切现实的事物。彻底又专一地追求生命智慧的人，对现实还会再挂念吗？使这种生命追求永不止息的力量来源，本来是无法用言语来形容的，圣人为了使人容易体会，暂且给它一个名称，叫作"善"，因为透过对它的不懈追求，人可以获得一切美德。又追求的方法有无数种，圣人为了使人容易把握，指点出一切方法共同具有的一种本质，那就是"专一"。

《辨》

凡人之学，谓之曰务外遗内，谓之曰玩物丧志者，以其不反而求诸理也，求诸理，又岂有内外之可言哉！在心之理，在物之理，一也，犹之器受日光，在彼在此，日则一也，不能析之而为二，岂待合之而始一也。

【译述】一般人求学，往往因为他们不能深刻反省，明察事理，所以时常对现实中繁杂多变的事物，弄不清楚它们之间的关系，和它们对人生有什么价值，于是每天虽然忙来忙去，可是到头来，在生命的内涵与智慧的增进上，却没有什么可观的地方。甚至因为一时糊涂，迷恋上某种嗜好，而丧失了志气，其实只要他们能够多反省自身的心性，与事物的道理互相印证，就可以发现，外在现实中各种事物之间的道理，人心中都原本具备着，只要肯去思考、肯去反省，就都会呈现出来，就好像物体被阳光照射到的时候，物体上的光和太阳源源不断发出来的光，都是同样的光，不能说它一个是正从太阳发射出来，一个是晒在物体上，就说它是两种不同的光，更不用故意去使它合而为一了。

《论学书》

1. 自昔圣贤兢兢业业，不敢纵口说一句大胆话，今却不然，天下人不敢说底话，但是学问中人说，以心性之虚见，为名教罪人者多矣！

【译述】从前圣贤们做学问，总是小心谨慎，不敢随便说些没有根据、不负责任的大话。如今却不同了，天下人都不敢随便说的大话，偏偏就只有读书人敢说。说实在的，如今读书人中，由于心中没有对心性真正确实的体认与心得，却任意乱说，而坏了读书人名声的人，的确不少。

2. 不患本体不明，只患工夫不密；不患理一处不合，惟患分殊处有差；必做处十分酸涩，得处方能十分通透。

【译述】我们不要怕对人性不能透彻地了悟，只怕在修养的过程中不够努力，只要努力得彻底，自然会有悟的一天。我们也不怕在大观念上没有正确的把握，只怕我们没有毅力在广泛的文化领域里面从事开拓，只有当我们在努力实践的过程中付出十分的辛苦，所获得的智慧才会十分通透。

3. 人生处顺境好过，却险；处逆境难过，却稳。世味一些靠不着，方见道味亲切，道味有些靠不着，只是世味插和，两者推敲，尽有进步，若顺境中，一切混过矣。

【译述】人生如果总是一帆风顺，家世好，背景好，什么事都有人帮忙，安排得好好的，这种生活，虽然容易过，可是因为没有遭遇到挫折与苦难的磨炼，所以生命的内涵往往不够深刻，同时少了一种坚忍的毅力，一旦遇到不如意的事，因为没有处理它的经验，就容易失败得很惨。相反，人生如果遭遇坎坷，多历痛苦与折磨，虽然过的日子很苦，可是往往能锻炼出坚强的意志与丰富的智慧，久了之后，纵然遇到再大的困难，也能面对它，想办法去渡过难关。另外，饱尝生命痛苦的人，往往能彻底看透一切现实与人性，觉悟到在现实中，人的生命永远找不到真正永恒彻底的安慰，于是能够将生命向上提升，而倾向于一种崇高的理想世界，并追求一种完美的道德生活方式。如果能对这两种不同的人生境界加以仔细思考，自然会对自身的识见有所增进。同时，如果人总是处于顺境中，甚至连这种分辨考虑的机会都没有。

4. 为己之根未深，怒于毁者必喜于誉。却似平日所为好事，不过欲人道得一个好，于自己的性分都无干涉。

【译述】求学的人，如果还没有下定决心，确定求学的目的是为了增进自身的生命智慧，那么对于别人的批评会感到不高兴的人，一定也会对别人的赞美而感到高兴。这样一来，这种人平日所做的一些合乎美德的好事，很可能只不过是想要博得人家对他的称赞罢了，对自己的生命内涵却没有多少增进。

5. 躬行君子，圣人所谓未得者，要形色纯是天性，声为律，身为度，做到圣人，亦无尽处，所以为未得。故不悟之修，止是妆饰；不修之悟，止是见解！二者皆圣人所谓文而已，岂躬行之谓哉！

【译述】真正能够努力过一种严格自律生活的君子，圣人称他是没有真正获得"全部"真理的人。因为真正获得"全部"真理究竟的人，必须彻底做到再没有一丝一毫的私怨，再没有一时一刻的犹疑与恐惧，能与大自然一样，广大包容一切人、一切事、一切物。即使是圣人，恐怕也不敢说"完全"做得到，而不会偶尔有些微的欠缺，所以说是没有获得"全部"的真理。所以心中对一件事理没有真正在观念上领悟通透以前，只是照着去做，那只是学做个样子罢了。心中虽然有所领悟，可是不能脚踏实地照着做去，那只是又多了一种知识上的见解罢了。这两种情形，都是圣人所说的"好的模样"，又哪里算得上是严格自律呢？

《杂著》

1. 姚江之弊，始也扫闻见以明心耳，究而任心而废学，于是乎《诗》《书》《礼》《乐》轻，而士鲜实悟。始也扫善恶以空念耳，究且任空而废行，于是乎名节忠义轻，而士鲜实修。

【译述】王阳明先生的姚江学派，门人弟子众多，流传到后来，良莠不齐，渐渐产生了弊端。起初阳明为了要让求学者能够真正明白认识到自己的良知本性，于是扫除一切道听途说、似是而非的观念与知识，哪知道到了后来求学者们渐渐误解了阳明的用意，开始整天空谈心性，而不再勤读书了，于是轻视《诗》《书》《礼》《乐》这些作为一个追求生命的人所必需的基本经典著作，并且对心性方面也没有多少真实的领悟；阳明起初又为了扫除求学者心中的杂念，于是教求学者暂且将是非善恶的分别心给收起来，哪知道到了后来，求学者们也误解阳明的用意，只知谈些空灵的境界，而不再脚踏实地去实践了。于是从此开始轻视名誉、气节以及忠诚、信义这些美德了，而实际上又没有真正在空灵的境界上修行到多高的程度。

2.觉者心也，敬者身也，今人四体不端，见君子而后肃焉端焉。所以不安者，非由见君子而然，其性然也，见君子而性斯显耳。

【译述】"觉悟"是指心的功能，"诚敬庄重"是指自身日常生活中的行为，因为觉悟到种种是非之后所表现出来的正确态度。如今有人行为不检，见到有德君子之后，往往心中感到不安，而自动将放纵的行为收敛起来。他们之所以会心中感到不安，倒不是完全因为见到有德君子，受到感化，而是说他们本来的天性中就具备了向善的可能，只是平常没有加以发挥，现在见到君子，受到他们善良品德的激发就显现出来了。

《讲义》

人果能见得天理精明，方见得人欲细微，一动于欲，便碍于理，如两造然。遂内自讼，一讼则天理常伸，人欲消屈，而过不形于外矣。故曰："见性斯能见过，见过斯能复性！"

【译述】人只有在真正见到天理绝对完美的理想性确有可能

在人的身上实现时，才能真正自觉到欲望在人的内心中纠缠得有多么深刻与细腻。也只有在这种情形下，每当我们心中一有欲望兴起时，立刻就能反省到与天理相违背，就如同两个极端，于是在内心中天理与人欲复杂地纠结在一起，靠我们去选择，而真正具有理想的人，通常都能选择天理，而打消人欲的念头，使得由于私欲而可能造成的过错不会真的发生。所以说："曾经真正体会过人性本善的人，才有可能真正知道自身的过错；又唯有能承认自身犯错的人，才能有机会改过向善，回复天生善良的本性。"

《会语》

1. 人要于身心不自在处，究竟一个着落，所谓困心衡虑也；若于此蹉过，便是困而不学。

【译述】人活着，要在身心空虚彷徨的时候，为自身找出一种生命活下去的意义，振作起来才行。如果在这种关头颓废下去，就是自我放弃。

2. 问言性，则"故"而已矣。之"故"？曰："故者，所谓原来头也！只看赤子，他只是原来本色，何尝有许多造作！"

【译述】有人问道："古人讨论人性的时候，说只不过'故'而已！请问先生这个'故'字是什么意思？"攀龙答道："所谓

'故'，是说天生人性，起初与自然一般纯朴天真，你如果观察孩童们的思想行为，就可以发现他们所表现的就是最纯朴、最原始的人性，那就是一种天真。因为他们没有受到太多现实中人情世故的污染，所以不会虚伪装假，不会装模作样。"

3. 气节而不学问者有之，未有学问而不气节者。若学问不气节，这一种人为世教之害不浅。

【译述】没有读过书，而能够有操守的人是有的，可是有学问而没有操守的人却很少看到。如果有的话，这种人一定为害不浅，因为他们利用其知识与求学者的身份作起恶来，极容易蒙蔽世人，混乱了是非标准，让人难以提防。

4. 学问并无别法，只依古圣贤成法做去，体贴得上身来，虽是圣贤之言行，即我之言行矣。曹月川看他文集，不过是依了圣贤实落行去，将古人言语，略阐发几句，并无新奇异说，他便成了大儒，故学问不贵空谈，而贵实行也。

【译述】做学问没有什么快捷方式，只有依着古代圣贤所走过的路，再由自身同样艰苦地去走一回罢了。这样前人留下的心得，就是我们自身的心得了。比如曹端，我们看他的文集，也只是依着从前圣贤的心得，切实在自己日常生活中照着做，偶尔有了心得，也只不过用他自身那个时代的语言文字，解释几句，并没有什么标新立异的地方，可是他就成了当代的大儒。可见学问不注重空谈理论，而着重在切实去做才是。

5. 问："刘诚意先仕元，而后佐太祖，何如？"曰："焉有天生真主，为天下扫除祸乱，既抱大才而不辅之者乎？诚意之差，差在前之轻出。"

【译述】有人问道："本朝开国功臣中，军师刘伯温早先曾经帮助过别人，后来才辅佐太祖打天下，不知先生认为他这种先后侍奉二主的行为如何？"攀龙答道："天下哪里有人自己怀抱大才，又遇到真命天子正在为天下百姓平乱造福的时机，却不肯去帮忙的道理。刘军师的错误倒不是因为他侍奉二主而看起来不忠，而是他前面一次帮助别个不是真命天子的人时，出马得太早了一点。"

第十章

蕺山学案

刘宗周

现在我们要进入本书的最后一章，也是明代儒家学者中，最后一位杰出有成的重要人物，他就是刘宗周先生。

刘宗周，字起东，号念台，浙江山阴人，因为曾经讲学于蕺山，所以又称他蕺山先生，明神宗万历二十九年（1601年），宗周二十四岁中进士，上疏神宗讨论国家的立国根本，其中有一段劝神宗对东林书院学子不要镇压得太厉害，因为他们虽然批评朝廷的种种行政措施，可是他们也是为了国家好才批评的，又曾经检举过宦官魏忠贤等奸人。后来告病回乡，朝廷屡次征召，宗周力辞不出，被认为"高傲自大"，革职为平民。等到明朝最后一任皇帝明思宗即位之后，又召宗周为官，此时明朝国势已衰，思宗力图振作，对于贪官污吏严加惩办，可是由于执行的方式太过严厉，并且急于求功，有时往往错抓了好人，或者只有一点点小过错就制处重刑，弄得全国官吏人人自危，整天小心谨慎，生怕犯错，抱着多做多错，少做少错，不做不错的心理，反而使政事变得更坏。宗周认为这种手段不足以拯救大局，而劝思宗先从官员自身内心的品德修养改革起，但却被认为是迂腐而不切实际的想法。

崇祯二年（1629 年），清军攻陷长城喜峰口，北京地区戒严，思宗怀疑大臣不能为国事尽力，开始亲信宦官，宗周说："今天国势已经沦落到这种地步，要救危存亡，首先必须对天下表示改革图强的诚意与决心，皇上如果能以亲信宫中人的态度，同样对待朝廷上的大臣，能以重视武将的心情来看待文官，那么太平的日子可能还有重来的一天。"然终被认为不能救急而不被采用。宗周于是请假回乡，但不久又被思宗召回。思宗问宗周："如今国家危急万分，对于人才、粮饷、流寇这三件事，究竟该怎么办呢？"宗周答："天下本来人才很多，并不缺乏，只是皇上求好心切，认为一个人好，立刻重用，但是一不如意，立刻辞退，这样自然令真正的人才都自爱自重，不肯轻易出来做官为国家效力了。粮饷方面，国家的赋税本来就太重，现在天下大乱，制度破坏，官吏贪污，巧立名目，向人民收税，然后放进自己口袋里面，逼得老百姓再也无法活下去，只好去做盗匪，老百姓都做了盗匪，田地没有人耕种，工作没有人肯做，国家所需要的粮饷，又从哪里来呢？并且从这里我们可以知道，流寇本来也是国家的子民，只要能对他们好好加以安抚，使他们能平平安安地活下去，自然就不会作乱了。"思宗接着又问有关军事方面的事，宗周回答道："据臣所知，要能抵御外患，首先还是要从朝廷内政改革做起。"思宗听了之后，认为这些话都不能立刻解救迫在眼前的大患，转过头对站在旁边的大臣们说道："刘先生真是个读书人，所说的办法没有一样是实际的。"后派宗周去工部做事。

宗周虽然得不到皇帝的信任，可是仍然关心国事，时常针对政治上的弊病向思宗报告，他说道："皇上现在最好能立刻下一道诏书，诚恳地对天下百姓解释过去盗匪民变不断发生的真正原因以及如今愿意改革的决心，另外派遣大臣，多带钱粮，巡视全国，招抚大臣，专门抚恤那些生活过不下去而流亡四方的穷人；再派大军驻守各处险要关口，招降各地的流寇，只杀首恶，余者不究，相信这样可以不流血就平定乱事。"思宗见了这篇报告之后非常生气，过了许久才平息下来，并且降旨各大臣，以后谈论国家大事的时候，必须体察国家当前的局势，不要只会归罪于朝廷。宗周见思宗终究不能彻底反省乱事的根本原因，只想将眼前的难关应付过去就算了，不能从长远打算，于是再三请辞，思宗也答应了。在回乡途中，宗周又写了一封信给思宗，评论朝中重要大臣的品德与能力，因为不合思宗的意，又被削职为民。然而思宗虽然好几次都不能真正用宗周，但对他的忠心也能体会得到，常在上朝的时候感叹："像刘先生这样敢说真话劝我的大臣，也只有他一个了吧！"不久又召用宗周。宗周以为天下治乱兴衰，必须依循天理正道慢慢去做，凡是用急功近利的手段，而想要国家长久治安，那都只是一些苟且偷安的心态在作怪。

到了京城，宗周被任命为左都御史（相当于检察院检察长），思宗召见，问职责所在，宗周答道："御史的职责是先端正自己，自己的品德学识必须都非常优秀，能够上对得起君父，下足以面对天下读书人，然后才足以让百官效法。这些做得到，接着还有一项重要任务，就是到四方去巡视访察，如果能够为国家找出真正的人才，则可以使贤能的人在位，贤能的人在位，百姓生活自然安定富足了。"

不久京城又宣布戒严，宗周上书言道："皇上一身系天下之安危，遇到危机，应镇静处事，安详应变。"又在朝廷中对思宗说道："十五年来，皇上处理国事不当，才有今天这些祸乱，如今不检讨祸患的根源，赶快加以改革，还是想用拖延的办法，不敢面对事实，这样下去，绝对不是国家兴盛的现象。"思宗听了，脸色都变了，说道："从前已经过去的事，不用再提了，现在跟以后的事究竟该怎么办才好？"宗周答道："如今最先要做的，就是皇上先要对天下百姓开诚心，布公道，坚定人民对政府的信心。"思宗又问："如今国家已经败坏到极点，要如何整顿？"宗周答道："最近讨论国事的人都认为救国先重才干，次重品德，其实他们不知道真有才干的人，一定是那些真有品德的人。自古以来，从来没有听说过一个人的操守不良，而遇到大事的时候能勇往直前，负责担当大任的。也没有哪个将领是操守不良，而能真正带兵的。"思宗说道："现在国家情势危急，用人的时候先挑才干，后看操守！"宗周回道："就是救急的时候，更要先挑操守好的才行。就像前一阵子督师带兵的范志完，操守不良，是用贿赂才升的官，所以三军将士都不服他，不肯尽力，造成惨败，不就是例子吗？"思宗听到这里脸色才稍微和缓下来。宗周又利用这个机会说："皇上现在正是在鼓励人民多说真话，要让朝廷与民间的观念能够多沟通的时候，而朝臣中却有人因为说错了话而被逮捕，即使他们真的罪有应得，也应该交给正式的司法机关去审理，现在动不动就将大臣抓起来，显然国家没有正常的体制。"思宗听了怒道："我是皇帝，处罚一两个臣子，有何不可！怎么就破坏了国家的体制？难道他们有贪赃枉法、欺君罔上的行为，就都放任不管了吗？"宗周答道："就算有罪也要交给正式的司法机构审判，不可以随便动用特务机关的人来刑求！"思宗听了大怒，又将他革职为民。

又过了几年，李自成攻陷北京，思宗上吊自杀，镇守山海关的总兵吴三桂又开关放清兵入长城，北京终于沦陷，福王朱常洵在南京即位，继续明代的法统，再度召用宗周，诏书再三敦迫，宗周始受命，进言福王道："今日国家大计，除了发兵讨贼复仇之外，无法表示陛下渡江南下的用心。又除非陛下决心亲征，决不能再振作起天下忠臣义士的士气！偏安江南不足以自存，还请陛下早日做北伐的打算。凤阳号称中都，陛下北伐的时候，请御驾驻扎在此，先立下规模，然后才可以处理政事。"然而福王不但不能用宗周之谋，反而任用奸臣阮大铖，并且下诏征选天下美女入宫侍候。宗周知国之将亡，再也无能为力，愤然引退。

不久清军攻下南京，接着浙省亦降，宗周痛哭道："现在是最后一刻来临的时候了，虽然身不在位，不必与城共存亡；但是以一个国民的身份来说，难道不应该与国土共存亡吗？君臣之间讲道义，还是要靠情感来维系，没有情感的道义是不长久的；父子间的亲情，固然无法忘怀，君臣之间的情义也是无法忘怀的吧。"绝食二十天后终于去世，享年六十八岁。

宗周少小孤苦，最先跟外祖父读书认字，长大之后从许敬庵先生求学。宗周的学问深得儒家真传，是黄宗羲先生的老师。

现摘录宗周的著作于后：

《语录》

1. 有不善未尝不知，是谓良知；知之未尝复行也，是谓致知。

【译述】每当自己心中的意念或者所做的行为有了不对的地方，心中多多少少都能自觉到，这就证明每个人心中都有着良知；而一旦知道错了之后，就督促自己改过，从此不再犯同样的错误，这就是良知充分发挥了作用。

2. 凡人一言过，则终日言皆婉转而文此一言之过；一行过，则终日行皆婉转而文此一行之过，盖人情文过之态如此，几何而不堕禽兽也。

【译述】一般人如果说错话，自己知道了之后，心中不好意思，多半这一整天会利用其他说话的机会，说些自我解嘲的话，来加以掩饰弥补；如果是做错了一件事，也多半会在随后的行为上尽量小心注意，顺着别人的意思做，好取得别人的同情与谅解。这都是因为一般人的心理总是好面子，怕被人笑话，所以有了过失的时候，就想尽办法来掩饰，或者装出一副值得被人同情的样子，而不能正面承担自身所犯错误的责任。如果人都是这样子下去，恐怕就要变得和其他动物一样了吧。

3. 心无物累便是道，莫于此外更求道，此外求道，妄也，见为妄见，思为妄思，有见与思，即与消融去，即此是善学。

【译述】心中能够不被任何事物或念头所纠缠的话，那就算是在追求生命过程中一种极高的成就了。其实这就是追求生命的真正目的吧。除此之外，其他的追求，就算追求到手，恐怕也没有多大的意义。能够有此见解，并持续努力下去，可以称得上是懂得追求生命的人了。

4. 才认己无不是处，愈流愈下，终成凡夫；才认己有不是处，愈达愈上，便是圣人。

【译述】认为自己一切都对的人，必定因为骄傲而不肯虚心学习，所以永远不会进步，终生都是凡夫俗子；承认自己有不对的人，因为肯虚心反省，向人求教，所以一天比一天进步，日益达到圣人的境地。

5. 小人只是无忌惮，便结果一生；至《大学》止言闲居为不善耳，闲居时有何不善可为？只是一种懒散精神，漫无着落处，便是万恶渊薮！正是小人无忌惮处，可畏哉！

【译述】小人只因为从来不曾触及任何一些真正属于生命里面深刻的事物，所以对什么事情都马马虎虎，不曾仔细钻研过，于是就这样糊里糊涂地将一生给混过去了。《大学》一书中说道："小人平日不做正经事，专干些坏事。"平常他们做的是些什么坏事呢？其实他们的生活，在本质上只是一种懒惰散漫，没有追求的方向与目标，然而正因为如此，精神没有寄托，活力无处发泄，于是游手好闲，到处惹是生非，许多罪恶就因此而产生了。这正是小人内心空虚的一种表现，也是人的悲剧。

6. 古人恐惧二字，常用在平康无事时，及至利害当前，无可回避，只得赤体承当。世人只是倒做了。

【译述】古人常在平常没事的时候，提醒自己要小心谨慎，别让心中产生邪念，等到有事情发生，面临利害关头，一定要自己做抉择的时候，就根据道义承担起自己应负的责任。而如今世人却正好相反，在面临利害关头的时候，借口做事要小心谨慎，于是借故推脱自己的责任，而只想要获得利益。

7.人心如谷种，满腔都是生意，欲锢之而滞矣，然而生意未尝不在也，疏之而已耳；又如明镜，全体浑是光明，习染熏之而暗矣，然而明体未尝不存也，拂拭而已耳。惟有内起之贼，从意根受者不易除，更加气与之拘，物与之蔽，则表里夹攻，更无生意可留，明体可觌矣，是为丧心之人，君子惓惓于谨独，以此。

【译述】人心就好像稻谷的种子一样，充满了欣欣向荣的创造潜能，可是由于私欲的妨碍，使它不能尽情地发挥积极的作用，然而这种生长的潜能并不是真的消失了，只是暂时被蒙蔽住，只要能将私欲的阻塞给打通就行了；另外又好像明亮的镜子，心地本来是光明磊落的，只是后天养成的许多坏习惯，使它变得暗了，然而光明的本心并没有不见，就像镜子给灰尘遮住了，使它暂时失去照明的功能罢了，只要能经常擦拭它，就能恢复过来。所以唯有从内在心灵深处所起的邪恶念头，因为它是和整个人的生命纠结在一起，所以不容易除去，再加上外界种种现实的刺激与干扰，内外夹攻，内心的一点灵明就更不容易保存了。这种人可说是已经丧心病狂了，所以君子时时刻刻小心谨慎，就怕心中意念初起时会走向邪恶的方向，原因就在于此。

8."省察"二字，正存养中吃紧工夫，如一念于欲，便就此念体察，体得委是欲，立与消融而后已。

【译述】在追求生命的过程中，要有能力对自身的各种思考与行为再加以反省，只要察觉有任何念头涉及私欲，就要立刻将它忍耐下来。

9.心放自多言始，多言自言人短长始。

【译述】一个人养成懒散不专心的毛病，通常都是先由喜欢多嘴多舌乱说话开始的。而多嘴的习惯，通常又都是因为平常喜欢在别人背后论长论短而养成的。

10.《大学》首言"明德"，又继之曰"止于至善"，盖就明德中指出主宰，有所谓至善者，而求以止之，止之所以明之也。

【译述】《大学》一书中，一开始就强调人在追求生命的过程中，要让良知本性发挥呈现出来，然后下面又接着说必须要达到充分彻底的程度才行。其目的是为了从良知本性中指点出一个明显的标准，必须要达到充分彻底的程度，绝不可以半途而废，因为唯有"止于至善"，才是真正的道德的完全实现。

《会语》

1. 为学莫先于辨诚伪，苟不于诚上立脚，千修万修，只做得禽兽路上人。

【译述】在追求生命过程的一开始，首先必须自我反省："我的理想是否真实？我是否能够彻底追求下去？"如果答案都是否定的话，那么尽管学习再多道理，只因为一开始用心偏了，做出来的行为一定不合于正义。

2. 祁世培问："人于生死关头不破，恐于义利尚有未净处。"曰："若从生死破生死，如何破得。只从义利辨得清、认得真，有何生死可言，义当生自生，义当死自死，眼前止见一义，不见有生死在。"

【译述】祁世培问道："人活着，如果对于生命与死亡的意义不能真正了解的话，那么在日常处理事物的时候，对于公义与私利恐怕就不大容易明辨清楚了。"宗周回答道："如果仅只从生命与死亡本身去了解它们的意义，人是永远不能真正彻底了解的，然而做人只要能把公义与私利分辨得清楚，生死对我们来说往往也就无关紧要了。如果照公义看来，我们应当活下去，那么自然要努力地去求活；如果照公义看来，正是牺牲的关头到了，那么自然去从容赴死。眼前所见只有在公义应该不应该做，而不必去管它生与死。"

3. 问："格物当主何说？"有言："圣贤道理圆通，门门可入，不必限定一路。"先生曰："毕竟只有'慎独'二字，足以蔽之。别无门路多端可放步也。"

【译述】有人问道："研究各种生命的学问，依照哪一种说法才最好呢？有些人认为圣贤传下来的道理，充满了智慧的结晶，每一位的教法都适合让求学者学习，不必拘束在哪一门哪一派，不知道这种看法正不正确？"宗周说道："毕竟只有'在心意初起时，就小心谨慎地分辨它是属于天理还是私欲'这种方法，最足以代表一切，因为每一位先圣先贤的道理，都是他们在生命的历练过程中，经由这种时时自我反省的功夫，才得出的结论。"

4. 问："三教同源否？"曰："莫悬虚勘三教异同，且当下辨人禽两路。"

【译述】有人问宗周："儒家、佛家和道家这三种学说，它们的道理在最根本上来说是不是相同的？"宗周告诉他道："你现在对生命智慧的学问还没有真正的实践与体认，不要仅凭着一些空泛的想象，就先急着去分辨三家学说有什么不同或相似的地方，还是先定下心来，分辨人与禽兽之所以会有所分别的公私义利吧。"

5. 古人成说如琴谱，要合拍须自家弹。

【译述】古代圣贤用文字留传下来的道理，就好像弹琴的乐谱。要学做圣贤，就必须像学弹琴必须亲自照着乐谱上的节拍去弹一样，亲身照着圣贤的道理去做才行。

6. 世人无日不在禽兽中生活，彼不自觉不堪当道眼观，今以市井人观市井人，彼此不觉耳。

【译述】人活着，几乎绝大多数的人都沉沦于现实的欲望当中像禽兽一般只凭动物本能而生活，而不能望见那种心灵大自由而解放的境界。然而现实中的人们彼此相视对方的生活方式与心态，既然都差不多和自己一样，于是就都能安然地继续活下去了。

7. 问："先生教某静坐，坐时愈觉妄念纷扰，奈何？"曰："待他供状自招也好，不然，且无从见矣。此有根株在，如何一旦去得！不静坐，他何尝无，只是不觉耳。"

【译述】有人问道："先生教我要练习静坐，以便去除妄念，可是当静坐的时候，反而觉得妄念一个接一个地不断起来，好像比平常还要多似的，这该怎么办呢？"宗周回答道："你能够说得出来这番话，倒还不错。不然的话，你连你平常有妄念都还不知道呢！要知道妄念平日深种在我们心中，哪能够才一静坐，就都除去了呢？你平日不曾静坐，又何尝没有妄念，只是日常生活中，外界的干扰与刺激太多了，你不觉得罢了，一旦静坐下来，外界的刺激小了，于是你就感觉到心中的妄念了，并不是因为静坐而使得妄念多了起来。"

8. 先生叹曰："人谓为人不如为己，故不忠，看来忠于己谋者亦少，如机变，如蠢愚，如欺世盗名，日日戕贼此身，误认是占便宜事。"有友问："三代之下，惟恐不好名，'名'字恐未可抹坏。"王金如云："这是先儒有激之言，若论一'名'字，贻祸不是小小。"友谓："即如今日之会，来听者亦为有好名之心耳，即此一念，便亦足取。"先生曰："此语尤有病。这会若为名而起，是率天下而为乱臣贼子，皆吾辈倡之也，诸友裹足而不可入斯门矣。"友又谓："大抵圣贤学问，从自己起见，豪杰建立事业，则从勋名起见，无名心，恐事业亦不成。"先生曰："不要错看了豪杰，古人一言一动，凡可信之当时，传之后世者，莫不有一段真至精神在内，此一段精神，所谓诚也。惟诚故能建立，故足不坏，稍涉名心，便是虚假，便是不诚，不诚则无物，何从生出事业来。"

【译述】有一天，宗周与一些朋友聚会，同时有许多学生在一旁，他忽然感叹道："现在人都认为与其为别人设想，不如为自己打算的好，所以都养成一种自私的心理，其实这些人，也不见得真正能为自身好好设想一番，总是做些投机取巧、欺骗社会大众、博取一些不该得的好名声的傻事，天天都在损害自己善良的本性，还自以为占了便宜。"有一位朋友问道："自古以来，大概没有人不好名的，所以人虽然应该要谦虚一点，可是'名声'这个东西，也不见得就真的不好，不该太轻视它。"王金如（当时同在场的一位先生）说道："'欺世盗名'这句话，是前辈学者用来激励世道人心的。如果真的说到爱好出名这回事，它只会令人羡慕虚荣，而不肯脚踏实地地去追求，所以对于求学者用功来说，影响可是不小。"刚才那位朋友听了又接着说道："可是像今天我们这个聚会，有不少年轻的求学者来旁听，他们不也是因为慕名才来的吗！他们这种想要见识一下著名求学者的念头，不也有可取的地方吗？！"宗周说道："这句话实在有语病！如果今天这个聚会，是大家为了要出名才来的话，那么真是败坏了天下读书人的风气，将来大家做了坏事，都是我们提倡的了，这样还不如各位从此不要再来了吧！"这位朋友听了，竟然又说道："大致上说起来，求做圣贤，要自身对生命发生了疑问，要求一个彻底地解决，才开始有追求的过程；但是豪杰建立他们的事业，却是从想要获得伟大的功劳和名声开始的。如果没有能够获得伟大的功劳和名声的希望一直在背后支持着，恐怕他们也不见得就能建立什么事业吧！"宗周听了说道："你可不要随便小看了古往今来的豪杰！从前人的一言一行，凡是能够在当时深深打动人心，而一代一代流传下来的，都一定有他们足以感动人的精神存于其中的。而这种感人的精神，就是一种生命对理想追求到底的决心。就因为这种对于理想追求到底的热忱做基础，才会有现实中种种的事业建立起来，也才足以使这些事业流传到后世！如果当时那些豪杰们有一丝一毫想出风头的心意，那便是虚伪，虚伪的人什么事都做不成的，更何况要建立一番事业，那真是谈何容易啊！"

9. 问："无欲而后可言良知否？"曰："只一致知便了。所谓无欲，只是此心之明；所言有欲，只是此心之昧。有欲无欲，止争明昧，但能常明，不必更言无欲。"

【译述】有人问道："心中没有私欲的时候，是不是就都是良知本性了呢？"宗周答道："只要能让良知本性随时充分发挥出来就行了。所谓没有私欲，只是因为心中的良知本性得以呈现；所谓有私欲，只是因为心中的良知本性被蒙蔽了。一个人有没有私欲，完全看他心中的良知是呈现还是蒙蔽，只要能经常使良知本性充分发挥它的作用，不必再去分心管他有没有私欲。"

10. 先生曰："浮云不碍太虚，圣人之心亦然，真是空洞无一物，今且问如何是太虚之体？”或曰："一念不起时！"先生曰："心无时而不起，试看天行健，何尝一息之停，所谓不起念，只是不起妄念耳！"

【译述】宗周说道："宇宙广大无边，包容一切，浮云在天空中飘荡，对于整个宇宙来说，实在不构成任何妨碍；圣人的心胸也是如此，光明磊落，不被任何事物所困扰纠缠。现在我暂且问各位，什么才是圣人光明磊落的胸襟？"有一位学生答道："心中什么念头都不起的时候！"宗周答道："人的心中，随时随地都有念头生起，就像宇宙间四季的变化，星辰的运行，一刻都不止息一样。所谓不起念头，只是说心中不起荒唐邪恶的念头罢了。"

11. 先生儆诸生曰："为不善，却自恕无害，不知宇宙尽宽，万物可容，容我一人不得。"

【译述】宗周告诫他的学生，说道："我们人偶尔做错了事，那是难免的，可是一定不要自己骗自己，做了坏事，反而安慰自己，认为没什么关系，要知道宇宙虽然广大，包容一切，可是像这种自己欺骗自己的情形，却是绝不包容的。"

12. 宁学圣人而未至，无以一善成名者，士君子立志之说也。宁以一善成名，无学圣人而未至者，士君子返躬之义也。如为子死孝，为臣死忠，古今之常理，乃舍现在之当为，而曰："吾不欲以一善成名。"是又与于不仁之甚者也。

【译述】一心追求成圣的理想，而还未能达成的时候，不愿意因为只做了一件善事就先出了名，这是君子应有的志气。然而志气虽然是志气，要能实际做到却很难，所以君子在实际追求理想的过程中，往往虽然未能成圣，却也因为做了一两件值得赞美的善事，而传出了好的名声，这同时也是人所能实际掌握的部分。除此之外，我们千万不能拿前面所说的志气当作借口，什么事都不做。比方说，做子女的应该尽孝，做臣子的应该尽忠，这是古今通行的大道理，纵然要我们牺牲性命，也是应该的，如果这时我们不愿牺牲，而借口说："我不是不愿意做，而是因为我不愿意为了这一件事而出名。"那可真的失去了原来立志的宗旨，而沦落为禽兽一般的地步了。

13. 无事时，只居处恭便了。

【译述】平日闲居无事的时候，心中也要存着诚敬的念头，不可就放轻松了。

14. 心中无一事，浩然与天地同流。

【译述】当心中没有任何现实的计较与纠缠时，胸襟广阔，精神上扬千万里，似乎整个人就和宇宙相融合了一般。

15. 先生曰："观春夏秋冬，而知天之一元生意，周流而无间；观喜怒哀乐，而知人之一元生意，周流而无间。为学亦养此一元生生之气而已。"或曰："未免间断耳！"先生曰："有三说足以尽之：一、本来原无间断；二、知间断即续续；三、此间断又从何而来？学者但从第三句做工夫，方有进步。"

【译述】宗周说道："我们观察大自然中四季的运行，年复一年的循环不已，永无间断，这可以说明宇宙中有一种生生不息的力量潜藏着。另外我们又观察人的喜怒哀乐种种情感的流露，也是日复一日地在运作着，永无停止，这也可以说明人的心中有一种生生不息的力量，在支撑着我们活下去。而我们求学的主要目的，就是在培养这种生生不息的活力，使它充沛饱满，随时可以使我们继续努力，追求理想，忍受痛苦，好好活下去。"这时有一位听讲的学生说道："就可惜有时难免会间断了！"宗周回答道："有三种说法可以回答你的问题：一、这种生生不息的活力，其实根本没有间断，只是你自己蒙蔽了自己，没有专心注意罢了。二、就算真的有了间断，你既然能够自觉到，就立刻去接续它，使它不再间断，不就成了吗？三、你说它会间断，又能自己感觉到，那么我问你：这种间断又是如何造成的呢？真正追求生命理想的人，只有从第三点开始着手，借此自我反省，才会有进步。"

16. 先生曰："学不外日用动静之间，但辨真与妄耳。"或问："如何为真？"先生曰："对妻子如此说，对外人却不如此说；对同辈如此说，对仆隶却不如此说。即所谓不诚无物，不可以言学。"

【译述】宗周说道："学问不只是书本上的死知识，必须活用在日常生活当中，至于活用得适不适当，是否合于道理，就看我们心中的意念，到底是真实还是虚妄。"有一位同学于是问道："怎样才能算是真实呢？"宗周答道："一件事，对自己的妻子是这样子说了，换了对外人却是另外一种说法；对自己同辈分的朋友们是这样子说了，换作对家中的仆从却又是另外一种讲法。这就是不真实，所谓不真实就一事无成，更不用谈做学问了。"

17. 先生曰："心须乐而行惟苦，学问中人，无不从苦处打出。"

【译述】宗周说道："追求生命理想的人，在奋斗的过程中必须心中永远保持着希望，同时刻苦精进。因为生命的本质，事实上就是一种忍耐痛苦，然后通过痛苦的过程。"

18.今人读书，只为句句明白，所以无法可处。若有不明白处，便好商量也。然徐而叩之，其实字字不明白。

【译述】现在有许多求学者读书，自认为对书上的每一句话都已经明白了，于是你简直没有办法和他沟通。因为如果他能够承认有些地方不懂，那么彼此之间反而好商量讨论。其实这些自认无所不通的学者，等到你真正问他书上的道理，他说不定根本一窍不通，他所谓知道的，只不过是一些文字表面上的意义罢了。

19.世言上等资质人，宜从陆子之学；下等资质人宜从朱子之学；吾谓不然。惟上等资质，然后可学朱子，以其胸中已有个本领，去做零碎工夫，条分缕析，亦自无碍；若下等资质，必须识得道在吾心，不假外求，有了本领，方去为学，不然，只是向外驰求，误却一生矣。

【译述】社会上一般人的观念，认为聪明才智高的人，应该从学习宋代大儒陆象山做学问的方法入手，因为求学者一般认为陆象山的学问，着重在人自身内心的领悟；而认为天赋较差的人，应该从学习宋代另一位大儒朱熹做学问的方法入手，因为求学者一般认为朱熹的学问，着重在知识的考究。我认为这两种观点并不恰当。相反，唯有天资特别聪颖的人，才能够学朱熹，因为他天生领悟力强，心中对于生命中的各种标准都已建立起来，在观念上也都有所体悟，然后教他去从知识上磨炼吸收，使观念的实质内容丰富充实起来，自然不但没有妨碍，反而会有益处。至于天赋差的人，必须先让他从基本观念上有所领悟，知道学问的目的，是为了解决人活着生命中的种种困苦，而这种解决的力量，自身本就具备，只要将它发挥出来，就能发生作用，等到他胸有成竹之后，才再教他从知识上扎根。不然，一开始就让他去学许多外在的知识，不但令他没有头绪，抓不到重点，反而耽误了他一辈子。

20.祝渊言立志之难。先生曰："人之于道，犹鱼之于水，鱼终日在水，忽然念曰：'吾当入水。'跃起就水，势反在水外，贤今何尝不在道中，更要立志往哪处求道？！若便如此知得，连"立志"二字也是赘。"

【译述】祝渊谈到一个人要能真正立定志向，非常困难。宗周于是说道："人与天理之间的密切关系，就好像鱼和水的关系一样，一天也离不了它。比方说，鱼本来整天都是待在水里的，有一天，鱼忽然想道：'我应当跳到水里去才对呀！'于是奋力一跃，想要投入水中，哪知道它本来就是在水里面的，现在这样一跳，身体反而跃在空中，露出水面了。这就好像我们人每天都在天理运行当中生活着，天理就在我们心中，还用得着去立志追求吗？只要能明白这一层，知道天理就在心中，只要好好保存，并且尽力发挥出来，那么连说'立志'两个字都是多余的了。"

《易箦语》

王毓芝侍，先生曰："吾今日自处无错误否？"对曰："虽圣贤处此，不过如是。"先生曰："吾岂敢望圣贤哉？！求不为乱臣贼子而已矣。"

【译述】王毓芝在先生身旁陪伴着，宗周于是问道："我今天的一切言语和行动，没有犯什么错误吧？"王毓芝回答道："没有！没有！就算是圣贤在这里，顶多也不过做得和先生一样好罢了！"宗周说道："你不要把我抬得和圣贤一般高，其实我哪里敢和圣贤比呢？只求能够不犯大错，不要变成乱臣贼子这般奸恶的人也就够了。"

附　录

　　《明儒学案》这本书，是由明末遗老黄宗羲先生所著。全书共分六十二章（卷），一共介绍了两百余位明代儒家学者中的代表人物。这些人物，他们彼此之间，在思想学术的发展与传承上，大都互相影响与关联，由作者将他们按照思想上不同的观点及传承关系的亲疏，加以分类，别为各学案；通常各学案代表一派主要思想，由最主要的一位人物为代表，并附以他的主要门人弟子而成。但有些学派，因为代表人物影响极为深远，门人众多，因此也会因门人籍贯不同而分为另外几个学案。如王阳明，除姚江学案介绍他本人之外，另外王门弟子即分为浙中（占五卷）、江右（占九卷）、南中（占三卷）、楚中（占一卷）、北方（占一卷）、粤闽（占一卷）等学案，几乎占了全书三分之一的篇幅。

　　本书原文大约有三十万字并如上所述介绍了两百余位人物，因此如今改写的时候，因限于篇幅、对象及时间的关系，仅能选取十七位较具代表性的人物来做介绍，并且依据原书之体例，即在一篇人物之小传以后，再附以其人思想著作之摘录，而将学术史上的演变或义理上有所争辩未有定论的理论性部分割爱，将欣赏重点着重在普遍人性之反省或日常生活经验之体悟上。作者黄宗羲是明末儒学最后一位大家刘宗周（蕺山）的及门弟子，他生在一个历代统治者中最荒唐的人物的朝代快要覆亡的时候，并眼看身为知识分子良心的老师绝食而死，其内心之情可想而知。于是发奋收集了当时两百余位相对于明代宦官传统而言，还能代表人类良知的儒家文化人，集成了《明儒学案》这本书，希望多少能在面临绝望与堕落之深渊边缘的中国人之心灵中留下一些典型。因此我们今天重读此书，最好能对明代之历史背景先有一个概括的了解，相信这样更能体会一个时代知识分子的责任与影响之重要了。这也是笔者改写此书时，特别摘录了七个附表之用意。

附表一：明朝行政区域表

朱元璋建立的明王朝，接替元帝国的疆域，只漠北地区不包括在内，那里是蒙古帝国本土。明政府把全国划为下列的十五个行政区域。

省别	省会 （省都）	今地	省别	省会 （省都）	今地
南直隶	应天府	南京	四川	成都府	成都
北直隶	北平府	北京	湖广	武昌府	武汉
浙江	杭州府	杭州	江西	南昌府	南昌
福建	福州府	福州	河南	开封府	开封
广东	广州府	广州	陕西	西安府	西安
广西	桂林府	桂林	山东	济南府	济南
贵州	贵阳府	贵阳	山西	太原府	太原
云南	云南府	昆明			

附表二：明政府中刑事诉讼机构
的地位和相互关系表

元首	中央级司法官署	首长	职掌	设立时间	性质	注
皇帝	刑部	尚书	（司法部）		司法机构	司法系统
	都察院	都御史	（监察部）			
	大理寺	大理寺卿	（最高法院）			
	锦衣卫	指挥使	调查及逮捕谋反妖言大奸大恶	一任帝朱元璋（14世纪80年代）	军法机构	诏狱系统（即秘密警察系统）
	锦衣卫镇抚司	镇抚使	对移交案件进行审判	同上		
	东厂	提督太监	调查及逮捕谋反妖言大奸大恶	三任帝朱棣（15世纪20年代）	宦官机构	
	西厂	提督太监	调查及逮捕谋反妖言大奸大恶	九任帝朱见深（15世纪70年代）		
	内厂	提督太监	调查及逮捕谋反妖言大奸大恶	十一任帝朱厚照（16世纪00年代）		

刑部负责法律的制定和颁布，管辖全国各地司法机构，有权提审它认为不恰当的案件。都察院负责对不法事件纠察检举，并派遣官员（御史）分赴各地，担任"巡抚"官职，接受人民对官吏的控诉，它也可以审理，也可以判决。大理寺类似国家最高法院，负责对前二机构的审判，做最后裁定。它们被称为"三法司"，是政府正规的司法系统。

附表三：明政府初期中央政府组织表

元首	元首助理	一级机构	二级机构	性质
皇帝	宰相	中书省	吏部 户部 礼部 兵部 刑部 工部	行政
		都督府		军事
		御史台		监察

明政府建立之初，中央政府设立附表三所列的三个机构，作为中枢。由中书省首长担任宰相，作为皇帝的助理。中书省内设立六部，负责全国行政。

附表四：明代中期中央政府组织表

元首	超级宰相	实质宰相	中枢一级机构首长	注
皇帝	司礼太监（宦官）	大学士（正五品） （华盖殿大学士） （中极殿大学士） （谨身殿大学士） （建极殿大学士） （武英殿大学士） （文华殿大学士） （文渊阁大学士） （东阁大学士）	吏部尚书 （内政部长） （正二品）	世称"七卿"
			户部尚书 （财政部长） （正二品）	
			礼部尚书 （教育部长） （正二品）	
			兵部尚书 （国防部长） （正二品）	
			刑部尚书 （司法部长） （正二品）	
			工部尚书 （工程部长） （正二品）	
			都御史 （监察部长） （正二品）	

14 世纪 80 年代，朱元璋因宰相胡惟庸谋反，即下令撤销中书省编制和宰相职位。擢升六部为一级中枢机构，各部首长（尚书）直接向皇帝负责，皇帝不再设立助手，而直接向各部发号施令。另外成立一个秘书机构，称为"内阁"，所委派的秘书，称为"大学士"。大学士冠有某殿某阁（殿阁都是宫廷中的建筑物）字样，以资分别。大学士的职位很低，只正五品，比各部首长（尚书正二品）要低三级，等于各部最低级的助理科员。

从前有宰相可以帮助皇帝，如今没有人能为他分担，皇帝只有依靠内阁，命那些大学士在每一个奏章或案件上，签注意见，写出对该事的分析和应如何反应的建议，甚至皇帝颁发命令的草稿，都一并拟好呈上。（当时术语称为"票拟"和"条旨"。）皇帝即根据这些签注，加以批示。于是，不久之后，大权遂渐渐滑入大学士之手。大学士成为没有宰相名义的宰相，内阁也成为没有中书省名义的中书省。

内阁大学士有数人之多，并不是每一位大学士都可以签注意见，必须资格最高、深得皇帝信任的人（往往是华盖殿大学士，华盖殿后来改为中极殿），此人即世人所称的"首相"——首席宰相。但大学士毕竟不同于正式宰相，正式宰相可以单独推行政令，大学士便无此权。他只能依靠"票拟"——签注意见，来窃弄皇帝的权力，没有法定地位。

更主要的原因是，大学士跟皇帝之间还有一段距离。对皇帝如何裁决，是不是依照他签注的意见裁决，甚至会不会做相反的裁决，大学士都不知道，他们也很少有向皇帝当面陈述解释的机会。事实上，到了后来，皇帝深居宫中，不出来露面，大学士遂数月数年，或数十年，都看不到皇帝的影子。他只有依靠这种脆弱的"票拟"维持权力。而此票拟，却要仰仗宦官转达，并仰仗宦官在皇帝面前做补充说明。皇帝所颁发的命令，也由宦官传递，有时用批示，有时用口头，宦官的权力遂日膨胀。而皇帝和大学士之间，往往互不认识。皇帝对大学士的印象，全来自宦官的报告。于是，政府大权又从大学士手中滑出，滑到宦官之手。

附表五：明朝宦官时代主要当权的宦官人物一览表

世纪	皇帝	宦官	职位	当权起讫	当权年数	注
15	六任帝朱祁镇	王振	司礼太监	1435-1449	15	朱祁镇在位15年。
	七任帝朱祁钰					朱祁钰在位8年，任用于谦，全国安定。
	八任帝朱祁镇	曹吉祥	司礼太监	1457-1461	5	朱祁镇复辟后又在位8年。
		门达	锦衣卫指挥使	1463		
	九任帝朱见深	汪直	西厂提督太监	1477-1483	7	朱见深在位23年，不出见政府官员。
	十任帝朱祐樘	李广	太监	1488-1498	11	朱祐樘在位18年，不出见官员。

16	十一任帝 朱厚照	刘瑾	司礼太监	1506-1510	5	朱厚照在位16年。
		钱宁	锦衣卫指挥使	1513-1521	9	
	十二任帝 朱厚熜					朱厚熜在位45年，无宦官之祸，然而任用奸臣严嵩。
	十三任帝 朱载垕					朱载垕在位7年，不出见官员。
	十四任帝 朱翊钧	冯保	司礼太监	1572-1582	11	朱翊钧在位48年，不出见官员。
		诸太监	税监、矿监	1583-1620	38	
	十五任帝 朱常洛					朱常洛在位30日。
17	十六任帝 朱由校	魏忠贤	司礼太监	1620-1627	8	朱由校在位7年。
	十七任帝 朱由检	曹化淳	司礼太监	1628-1644	17	朱由检在位17年。

上表可以看出，明王朝几乎每一个皇帝，都有他亲信并掌握权柄的宦官。没有特别亲信宦官的皇帝，如朱厚熜，则有特别亲信的贪官。

附表六：明代 15 世纪重要民变表

年代	年份	民变领袖	发生地区	注
20	1420	唐赛儿	蒲台（山东滨州）	
30	1437	思任发	麓川（云南瑞丽）	
40	1442	叶宗留	庆元（浙江庆元）	
	1448	邓茂七	沙县（福建沙县）	
50	1453	侯大狗	大藤峡（广西桂平）	战斗 13 年才平息。
60	1465	刘千斤	郧阳（湖北郧县）	
	1468	满俊	开城（宁夏固原南）	
70	1470	李胡子	郧阳（湖北郧县）	

这些都是大规模的流血抗暴，使朝廷为之震动。

附表七：明代 16 世纪重要民变表

年代	年份	领导人物	起兵地区发生地区	注
0	1509	蓝廷瑞	保宁（四川阆中）	
10	1510	刘六	文安（河北霸州市）	
		朱寘鐇（fán）	宁夏（宁夏银川）	
	1519	朱宸濠	南昌（江西南昌）	
20	1526	岑猛	田州（广西百色）	
30	1533	黄镇	大同（山西大同）	
40	1543	杨金英	北京	
50	1553	师尚诏	归德（河南商丘）	
60	1560	张琏	饶平（广东饶平）	
70	1572	蓝一清	潮州（广东潮州）	据地 4000 平方公里
80	1589	刘汝国	太湖（安徽太湖）	
90	1592	哱拜	宁夏（宁夏银川）	
	1593	杨应龙	播州（贵州遵义）	

作者按：本书附表七个及其中说明文字，皆录自柏杨先生著《中国人史纲》（星光出版社，1979 年 11 月第五版）下册，二十七、二十八及第二十九章。另外，本书所介绍的各位人物，他们的生卒年月与有关帝王年号、纪年等资料，则参考柏杨先生著《中国历史年表》《中国帝王皇后亲王公主世系录》（以上二书亦皆为星光出版社出版），及麦仲贵先生著《明清儒学家著述生卒年表》（台湾学生书局印行）。